Inhaltsverzeichnis

2   Mo lebt mit seiner Familie auf einem anderen Planeten und entdeckt durch sein Fernglas die Erde.
Er erzählt seinen Eltern, dass er zur Erde reisen möchte.

Mo reist mit seinem Moto durch das All in Richtung Erde.
Er landet in einem Ort direkt bei einer Schule.

S

Lisa

Sami

L

O

Ole

E

Ela

Ali

A

Mo lernt die Kinder auf Seite 4/5 bei seinem Besuch auf der Erde kennen. Die Namen werden durch die Lehrkraft vorgelesen.

Pepe — P

M

Momo

M — Mimi

Lola

L — Li

N — Nina

1

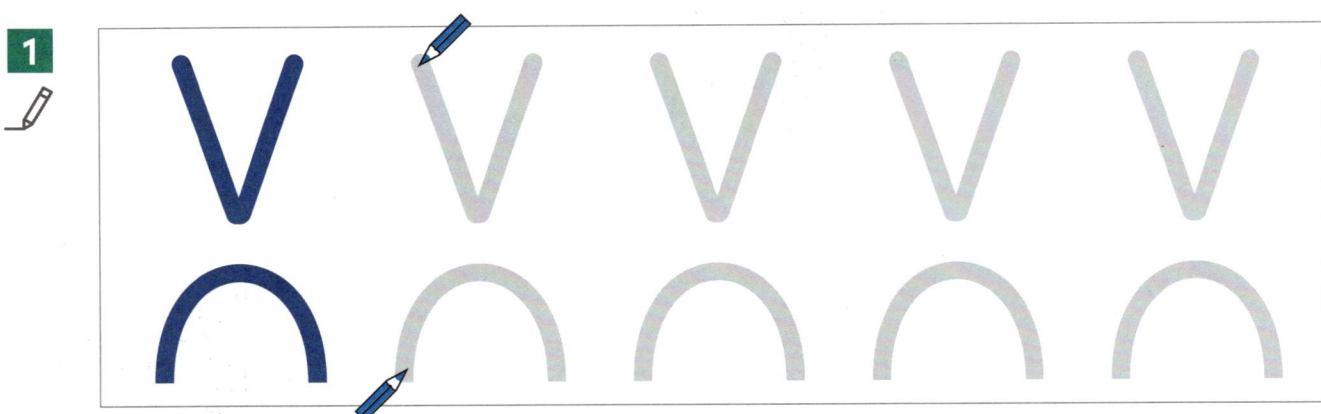

2

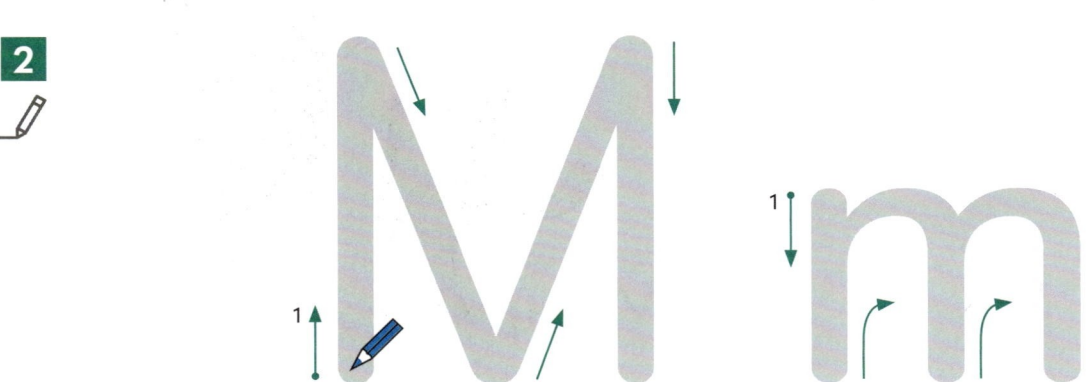

3

Aufgabe 1: Schwungübung
Aufgabe 2: M/m nachpuren
Aufgabe 3: M/m nachpuren und Restzeile entsprechend füllen

Oma   Mo

Möhre   **Mm**   Tomate

Kamm   Lama

Messer

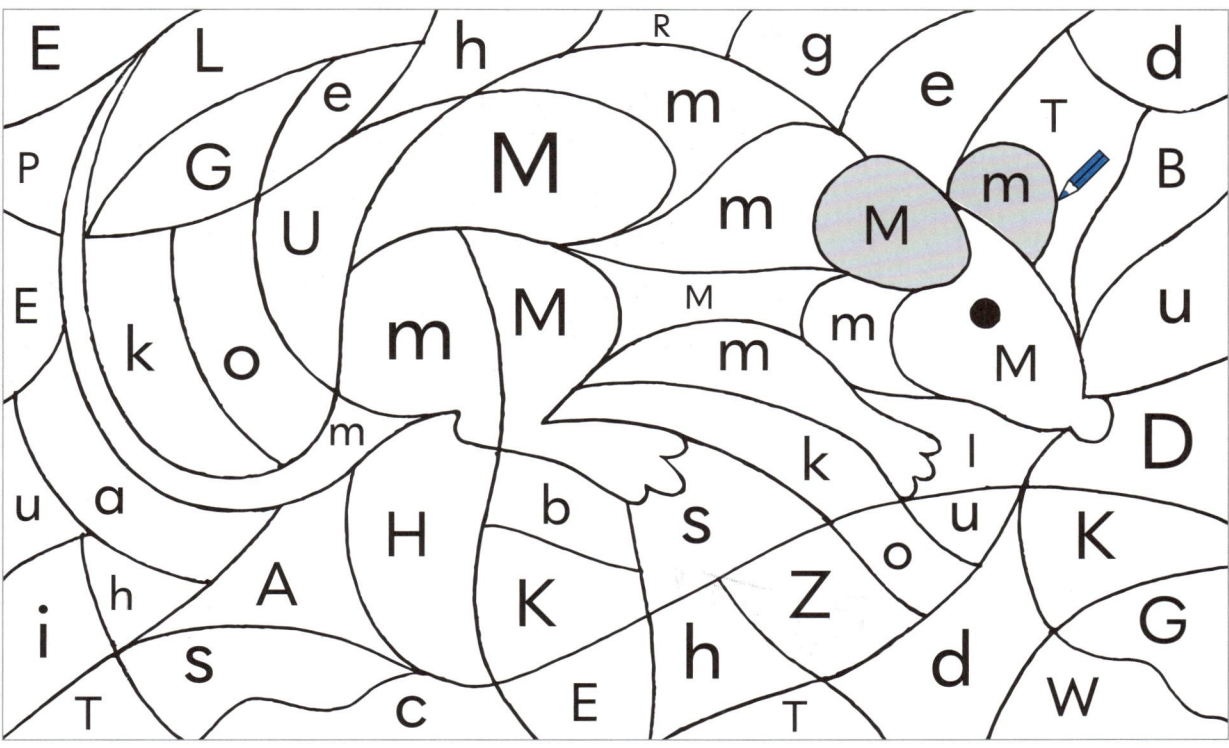

Aufgabe 1: M/m in den Wörtern entdecken und nachspuren
Aufgabe 2: alle Felder mit M/m farbig ausmalen

Erzählbild mit Ausmal-Dingen, die ein „M" im Anlaut haben. Mo ist auf seinem Moto zur Erde gereist und schaut zur Klassentür herein. – Balken: Lebensmittel von Seite 8, die ein „M" im Anlaut enthalten (Melone, Möhre), mit Artikelpunkt kennenlernen und benennen

Balken: Dinge von Seite 9, die ein „M" in Anlaut enthalten (Mappe, Müsli, Milch),
mit Artikelpunkt kennenlernen und benennen

9

M m

1

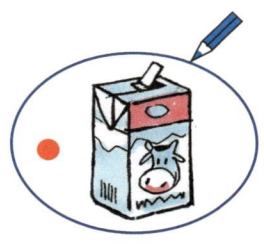   

2

Aufgabe 1: Begriffe benennen und alle Begriffe, die einen /m/-Laut enthalten, einkreisen
Aufgabe 2: Begriffe benennen und Reimwort finden

1

2

Aufgabe 1: Begriffe sprechschwingen, Silbenbögen einzeichnen
Aufgabe 2: Buchstaben nachspuren

1

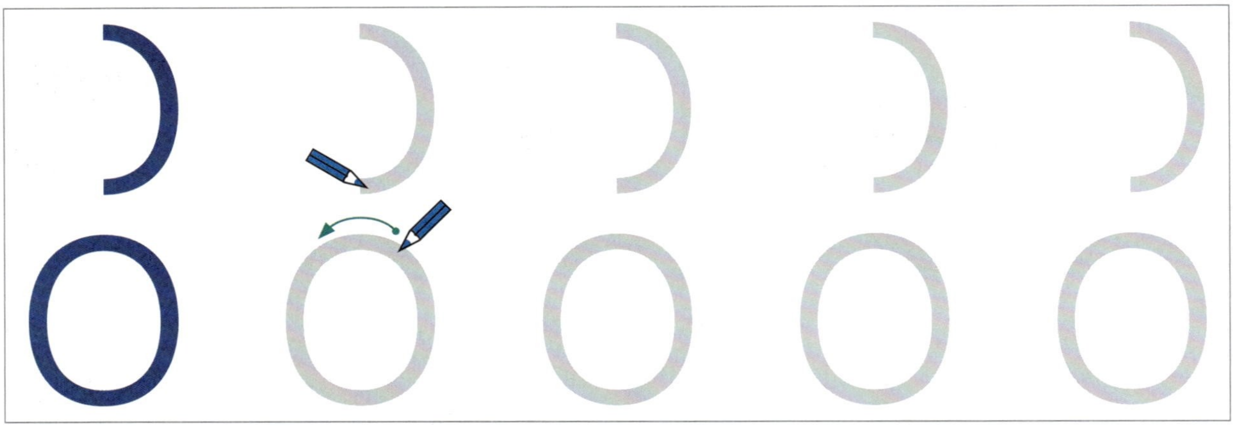

2

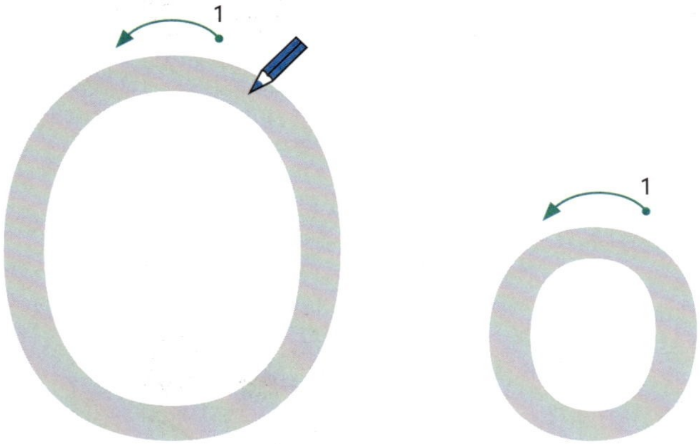

3

Aufgabe 1: Schwungübung
Aufgabe 2: O/o nachspuren
Aufgabe 3: O/o nachspuren und Restzeile entsprechend füllen

APP

1

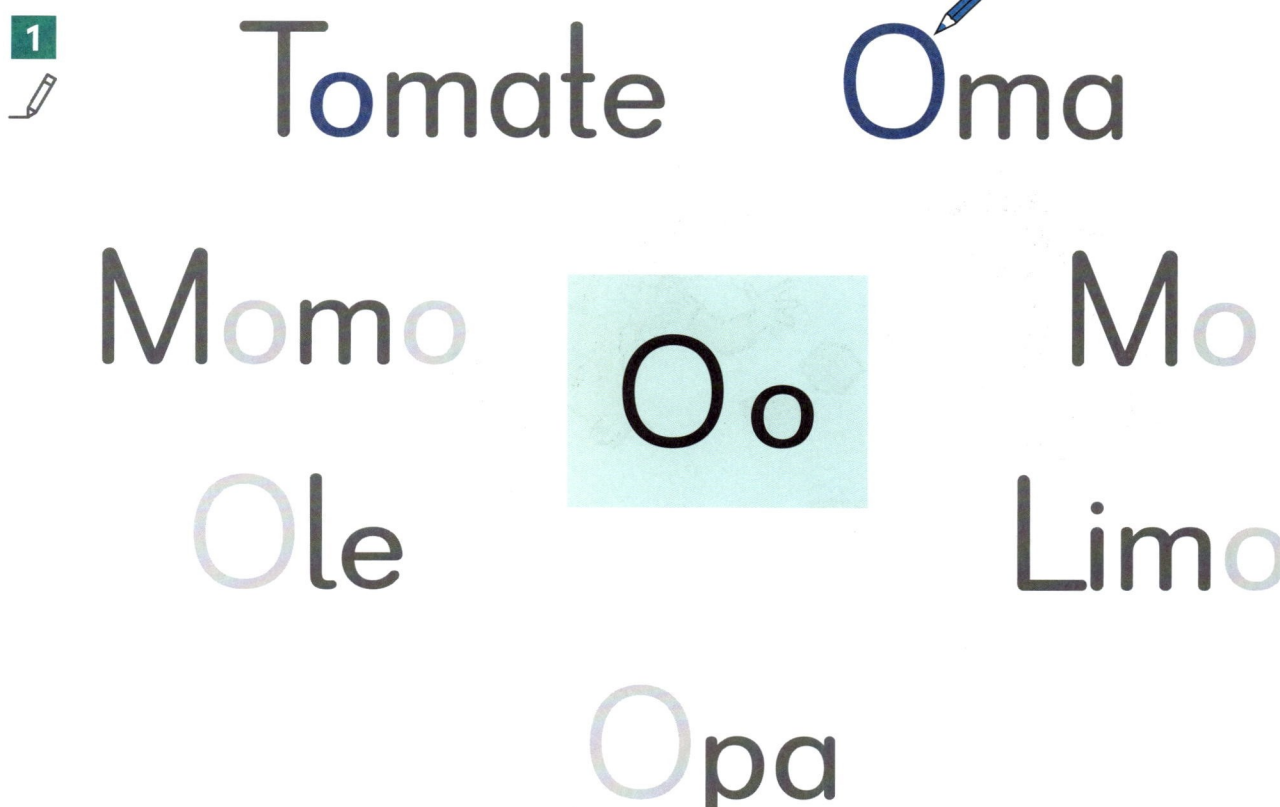

Tomate　Oma

Momo　Oo　Mo

Ole　Limo

Opa

2

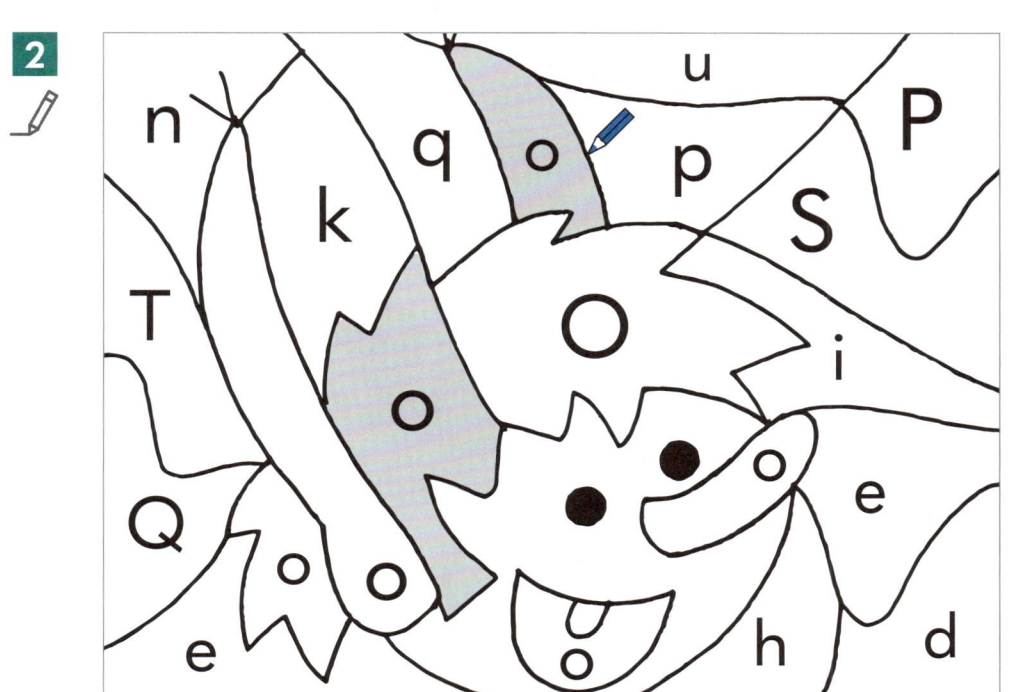

Mo

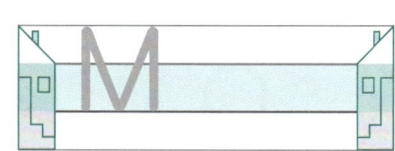

Mo   Om

Aufgabe 1: Erzählbild, Wiederholung von M/m und Einführung von O/o, Vorstellung der Figur Mo
Aufgabe 2: M nachspuren und o eigenständig schreiben
Balken: Silben mit M/m und O/o lesen

Momo

 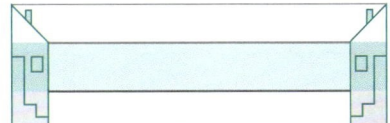 

mo om

1

2

Aufgabe 1: Begriffe benennen und alle Begriffe, die einen /o/-Laut enthalten, einkreisen
Aufgabe 2: Begriffe benennen und Reimwort finden

1

2

O o Momo

Aufgabe 1: Begriffe sprechschwingen, Silbenbögen einzeichnen
Aufgabe 2: Buchstaben nachspuren

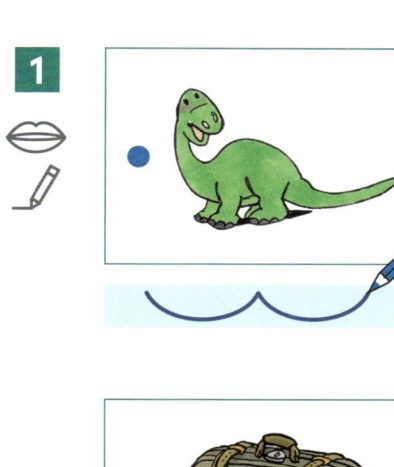

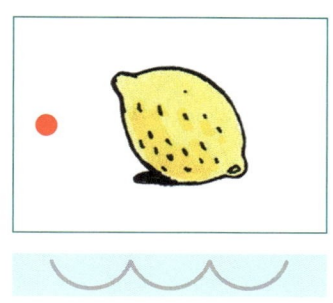

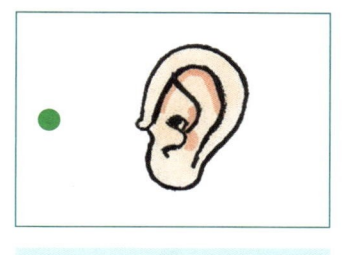

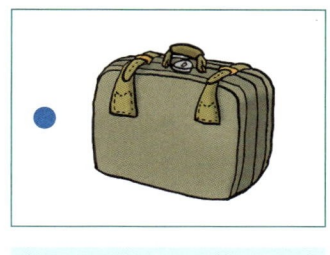

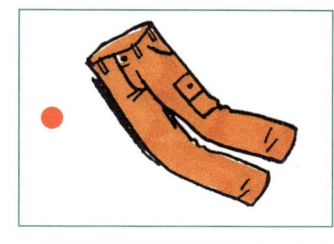

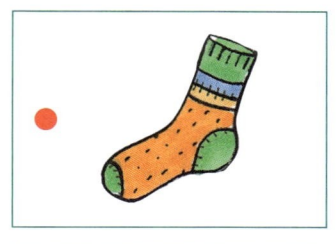

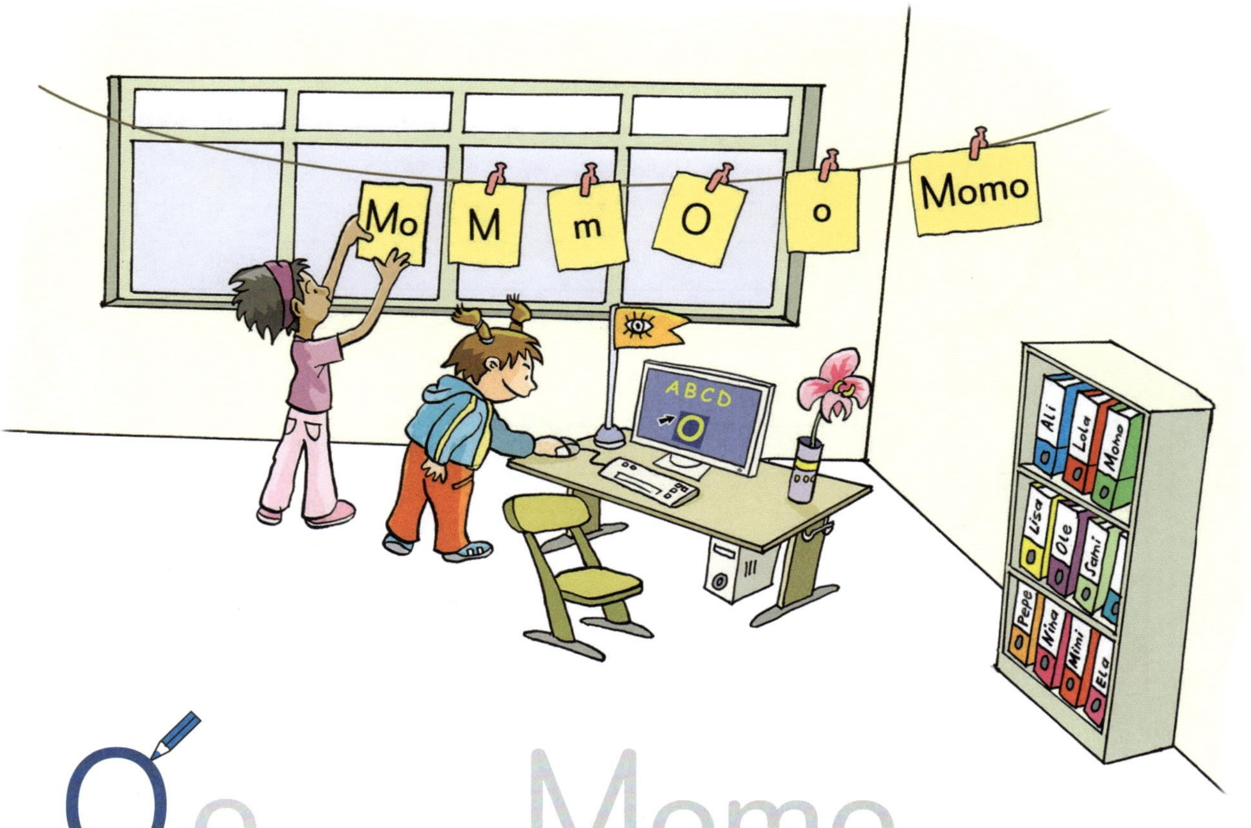

1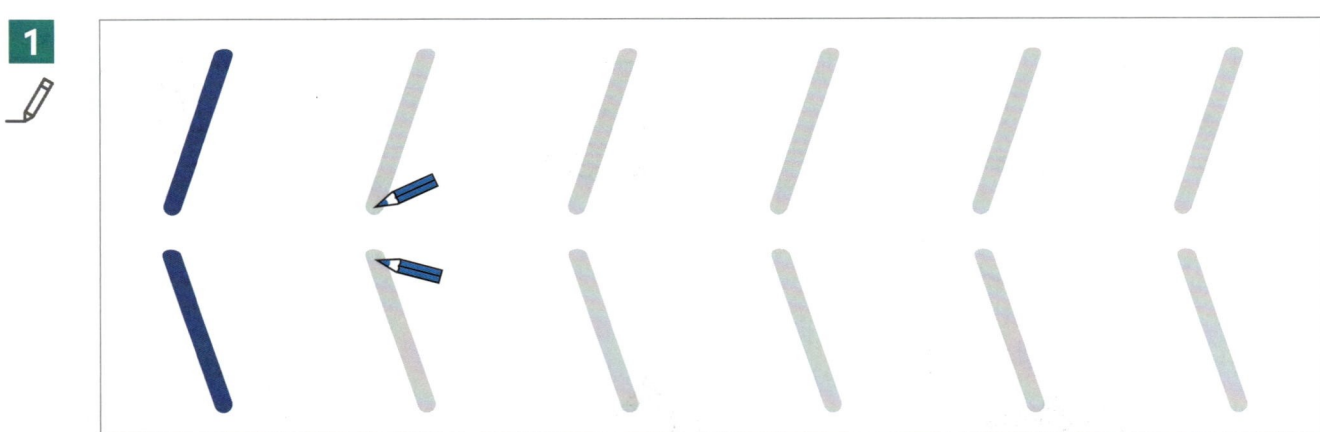

2

3

Aufgabe 1: Schwungübung
Aufgabe 2: A/a nachspuren
Aufgabe 3: A/a nachspuren und Restzeile entsprechend füllen

APP

1

Tomate Mama

Ampel **Aa** Apfel

Opa Oma

Ali Lola

2

A	a		

1

Mama

Aaa, Oma

Aufgabe 1: Erzählen zu Bildern: 1. Lisa und Mo tanzen / 2. Mo stolpert / 3. Sie finden eine Kiste / 4. Sie schauen in die Kiste / 5. In der Kiste finden sie Fotos von Mama und Oma; Lesen von *Mama* und *Oma* – Balken: Dinge (Vase, Sofa, Regal) von Seite 20, die einen /a/-Laut im Wort enthalten, mit Artikelpunkt kennenlernen und benennen

Oma am

Oma

Mama am

Mama

Mama am

Ma

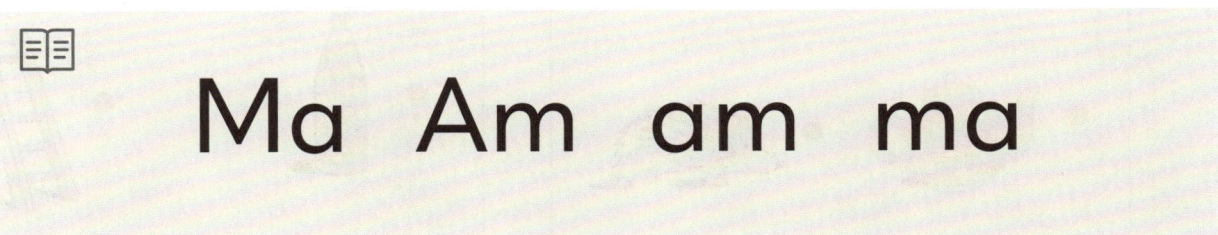

Ma Am am ma

Aufgabe 1: Fotos: Oma am Zug/Mama am Computer/Mama am Bus;
Nachspuren von Oma, Mama; ma schreiben und Silbenbogen setzen
Balken: Silben lesen

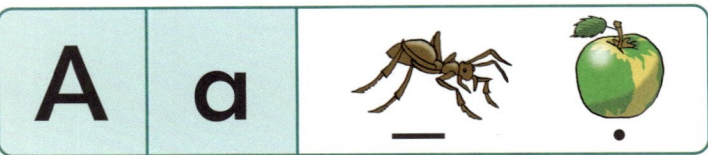

1

2

Aufgabe 1: Begriffe benennen und alle Begriffe, die einen /a/-Laut enthalten, einkreisen
Aufgabe 2: Begriffe benennen und Reimwort finden

1

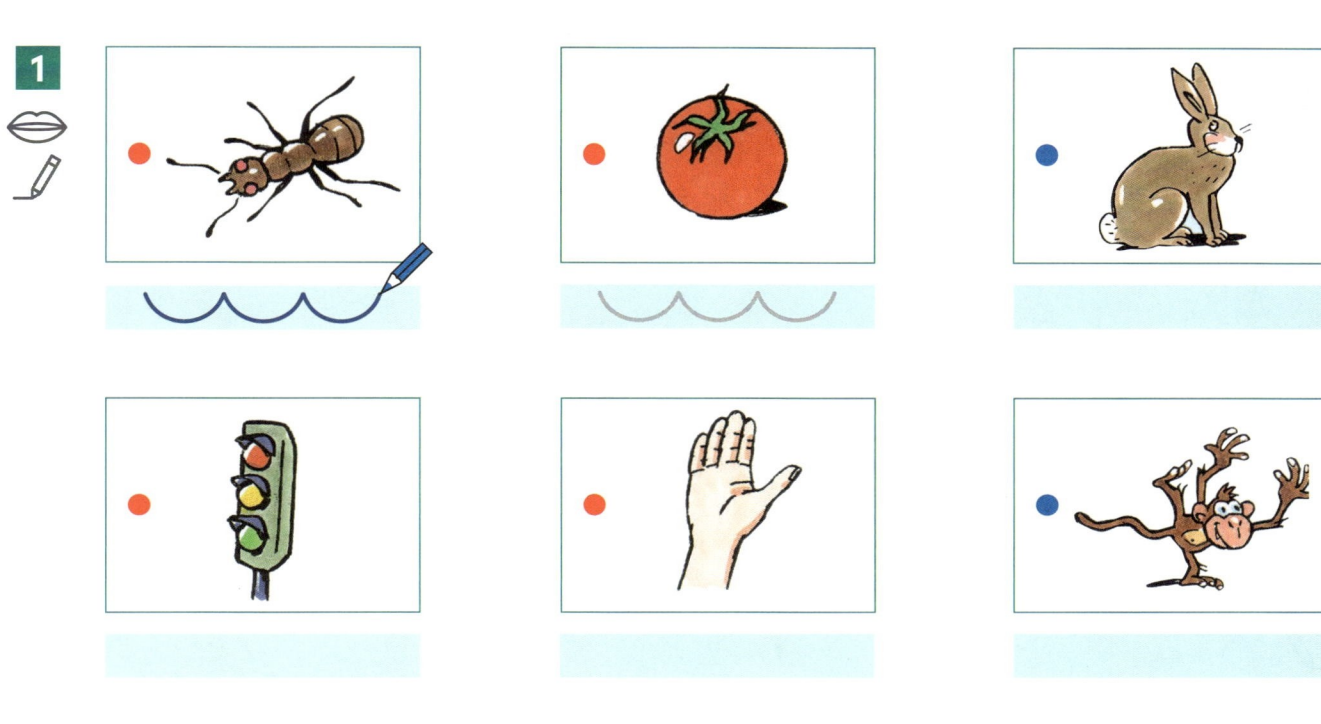

2

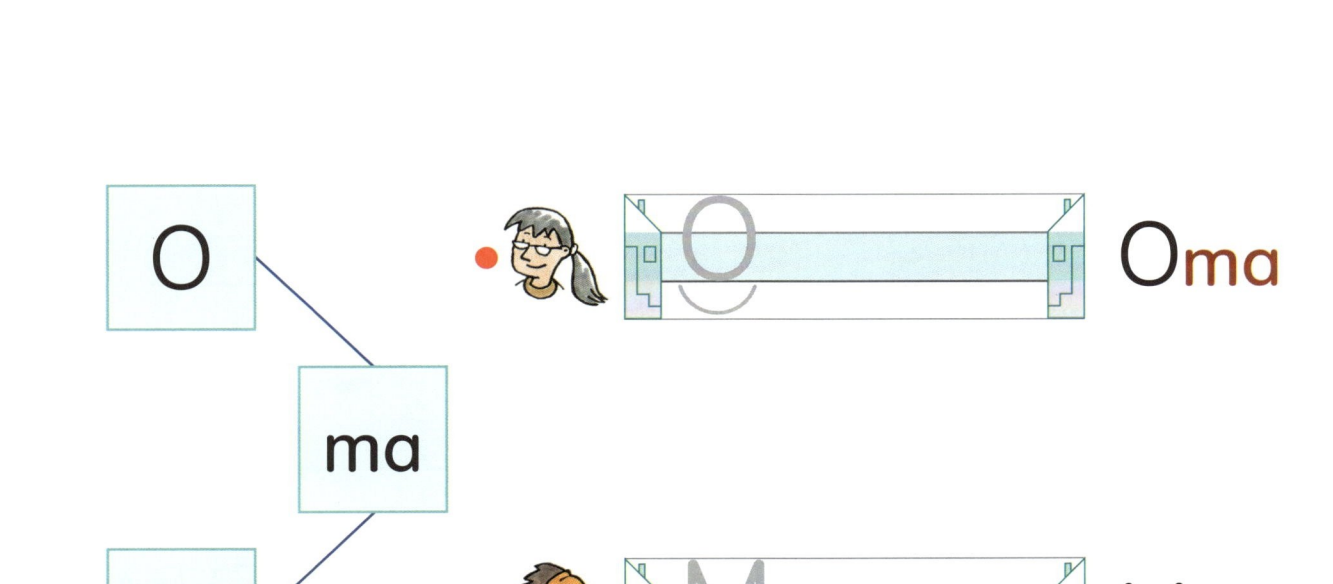

Ma — ma   Mama   Mama

O
ma
Ma

Oma

Mama

Aufgabe 1: Begriffe sprechschwingen, Silbenbögen einzeichnen
Aufgabe 2: Silben zusammenfügen, Buchstaben nachspuren, *ma* ergänzen (2x) und Silbenbögen setzen

23

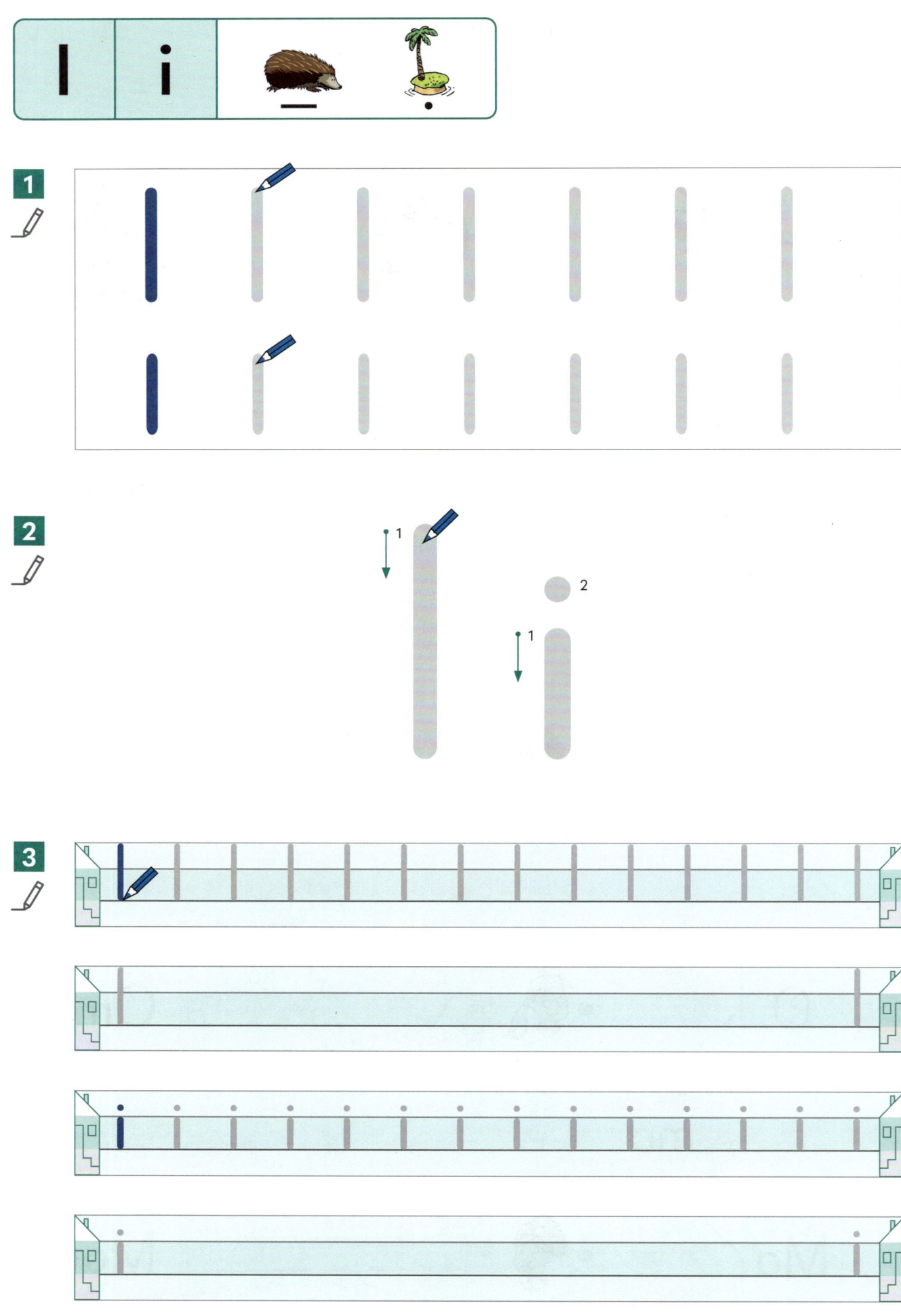

Aufgabe 1: Schwungübung
Aufgabe 2: I/i nachspuren
Aufgabe 3: I/i nachspuren und Restzeile entsprechend füllen

APP

Mimi

Dino   Ii   Omi

Igel   Limo

Fisch   Iglu

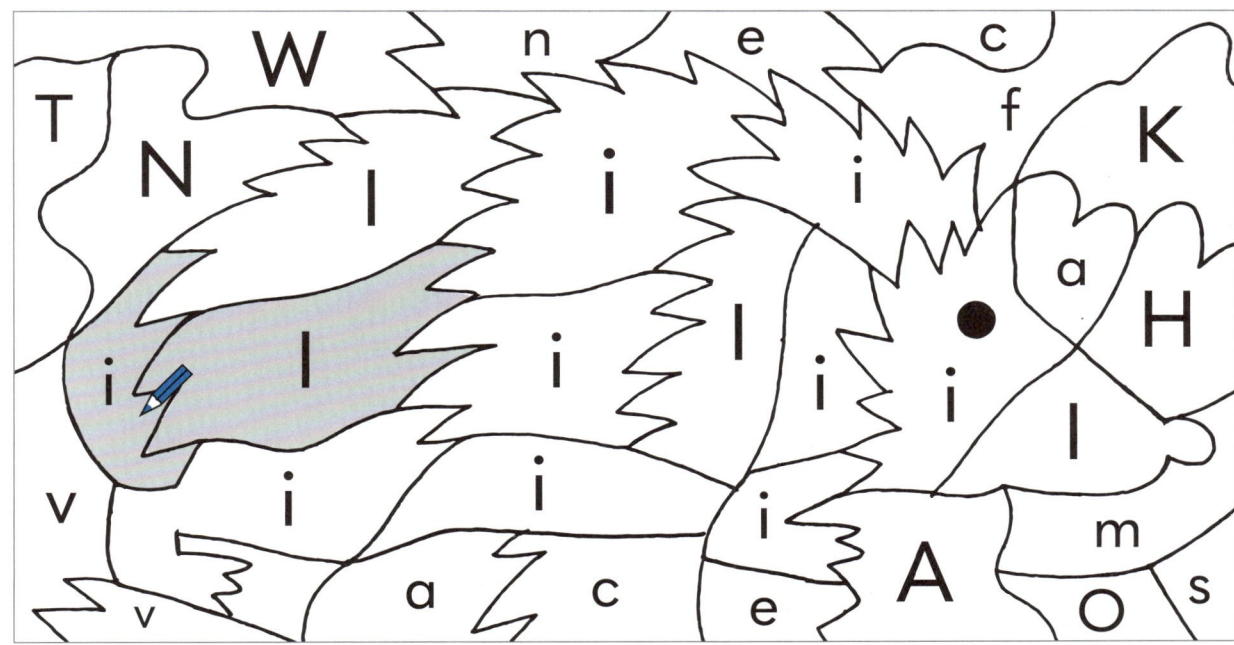

Aufgabe 1: I/i in den Wörtern entdecken und nachspuren
Aufgabe 2: alle Felder mit I/i farbig ausmalen

1

Mimi: O, Mo.

Mo im

2

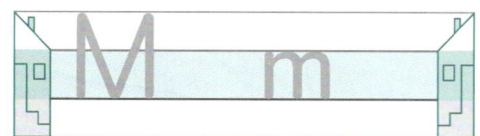

Aufgabe 1: Erzählbild betrachten und Text mit Wortbildergänzung (See) lesen
Aufgabe 2: Nachspuren von Mimi, i ergänzen und Silbenbögen setzen – Balken: Dinge von Seite 26/27 (Fliege, Igel, Spinne), die einen /i/-Laut im Wort enthalten, mit Artikelpunkt kennenlernen und benennen

1

Omi: Aaa.   im

2

Omi   Om

Mi   Im   mo   am

Aufgabe 1: Erzählbild betrachten und Text mit Wortbildergänzung (Spinne, Netz) lesen
Aufgabe 2: Nachspuren von Omi, i ergänzen und Silbenbögen setzen
Balken: Silben lesen

27

1

2

Aufgabe 1: Begriffe benennen und alle Begriffe, die einen /i/-Laut enthalten, einkreisen
Aufgabe 2: Begriffe benennen und Reimwort finden

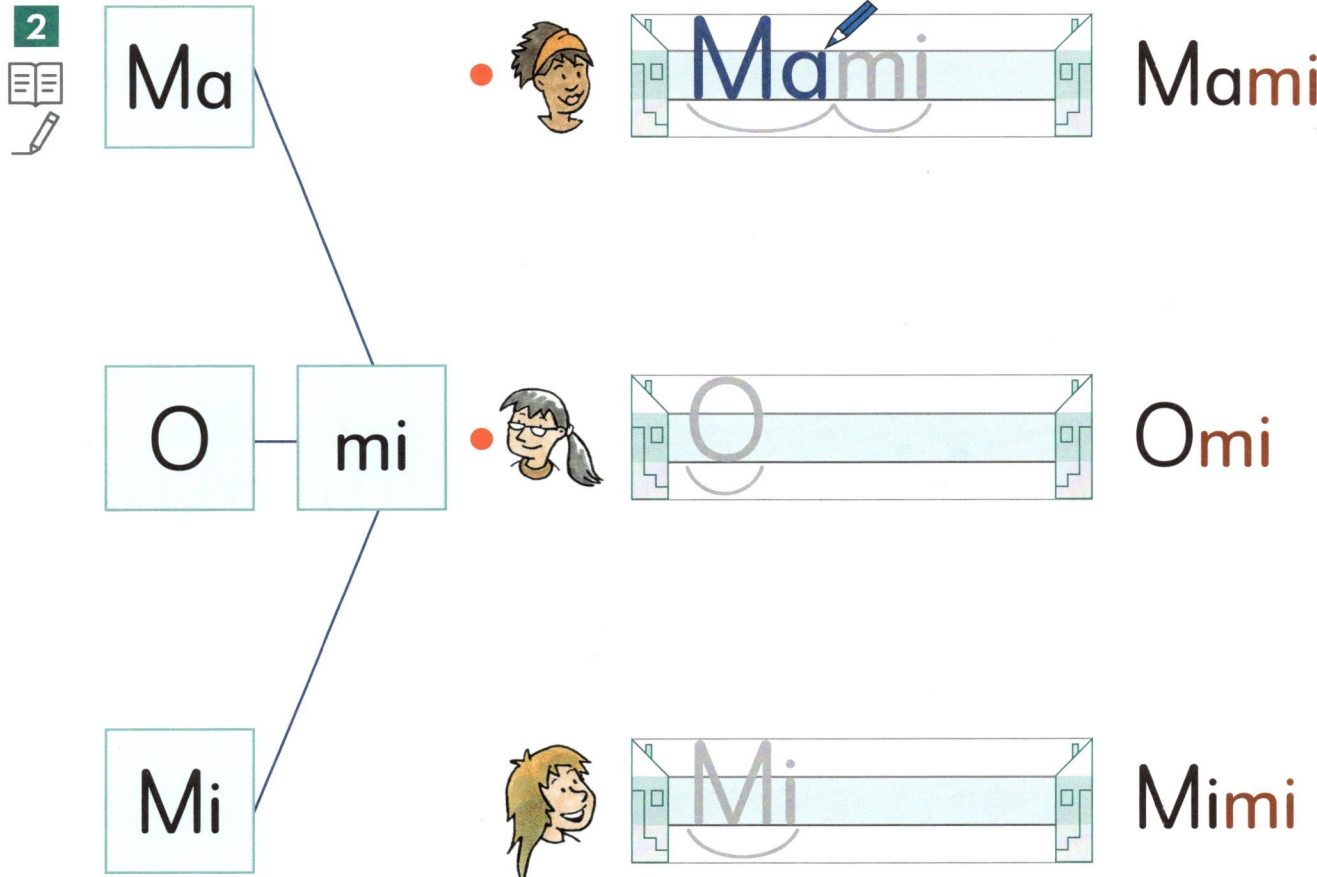

Aufgabe 1: Begriffe sprechschwingen, Silbenbögen einzeichnen
Aufgabe 2: Silben zusammenfügen, Buchstaben nachspuren, mi ergänzen (2x) und Silbenbögen setzen

ist

1

(ist) im ist am im ist ist im

am ist am im ist ist am im ist

2

Oma **ist** im  .

Mama **ist** am .

Aufgabe 1: Einführung Ganzwort *ist*, optische Analyse: Einkreisen des Ganzwortes (4x je Zeile)
Aufgabe 2: Lesen erster Sätze mit Bildunterstützung

1

Mo | ist | am  . ☐

Mo | ist | im  .

Mo | ist | am  . ☐

Mo | ist | im  . ☐

2

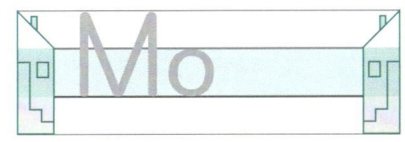Mo | ist | am  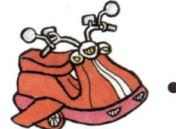 .

Mo | ist | im   .

Das kann ich schon

Mo ist im 🌳.

Mimi ist am 🔥.

Mama ist am 🔥.

1

Mama

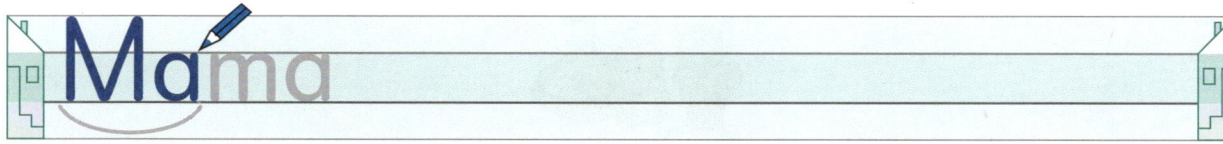

Oma

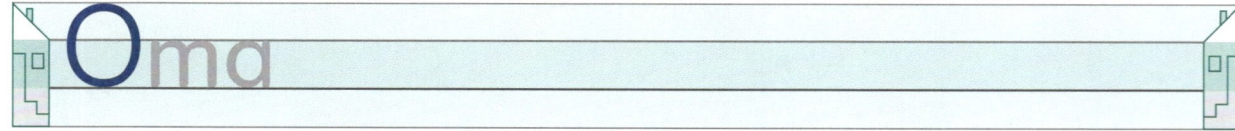

am

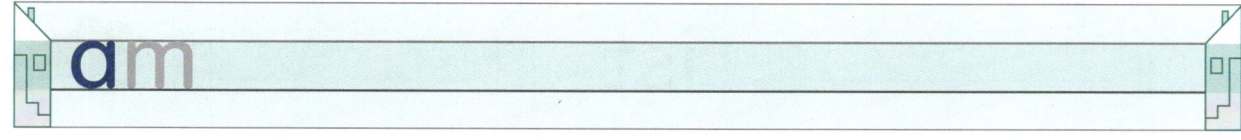

Aufgabe: Text mit Wortbildergänzung (Baum, Feuer) lesen; das Ganzwort *ist* ist zur besseren Wiedererkennung hervorgehoben
Aufgabe 1: Grundwortschatzwörter lesen, Wörter schreiben und Silbenbögen setzen

Wörterliste

A a

am

am

I i

im

im

M m

Mo

Mo

Momo

Momo

O o

Oma

Oma

Omi

Omi

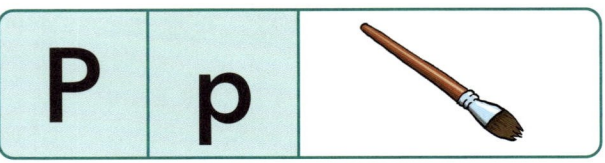

1

2

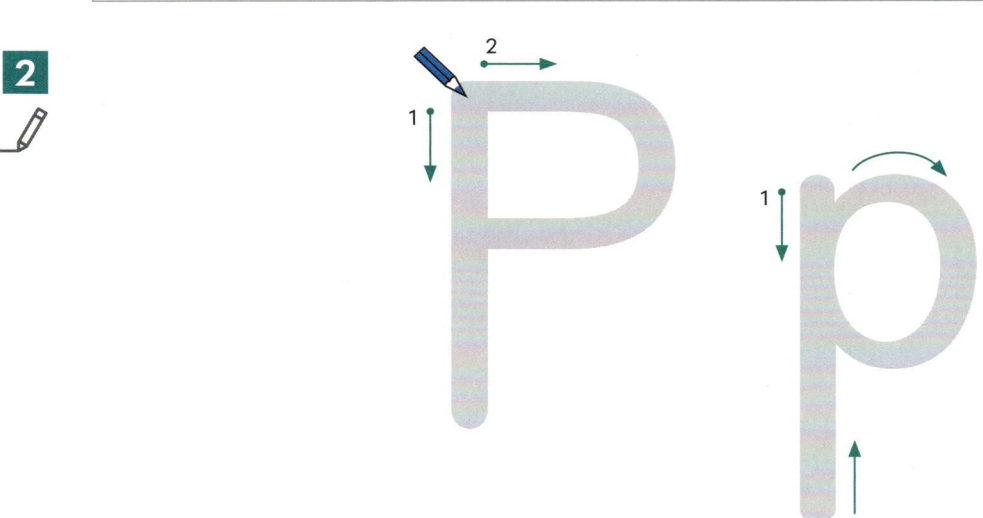

3

Aufgabe 1: Schwungübung
Aufgabe 2: P/p nachspuren
Aufgabe 3: P/p nachspuren und Restzeile entsprechend füllen

APP

1

Papa   Ampel

Lupe   **P p**   Post

Opa   Pinsel

Paprika

2

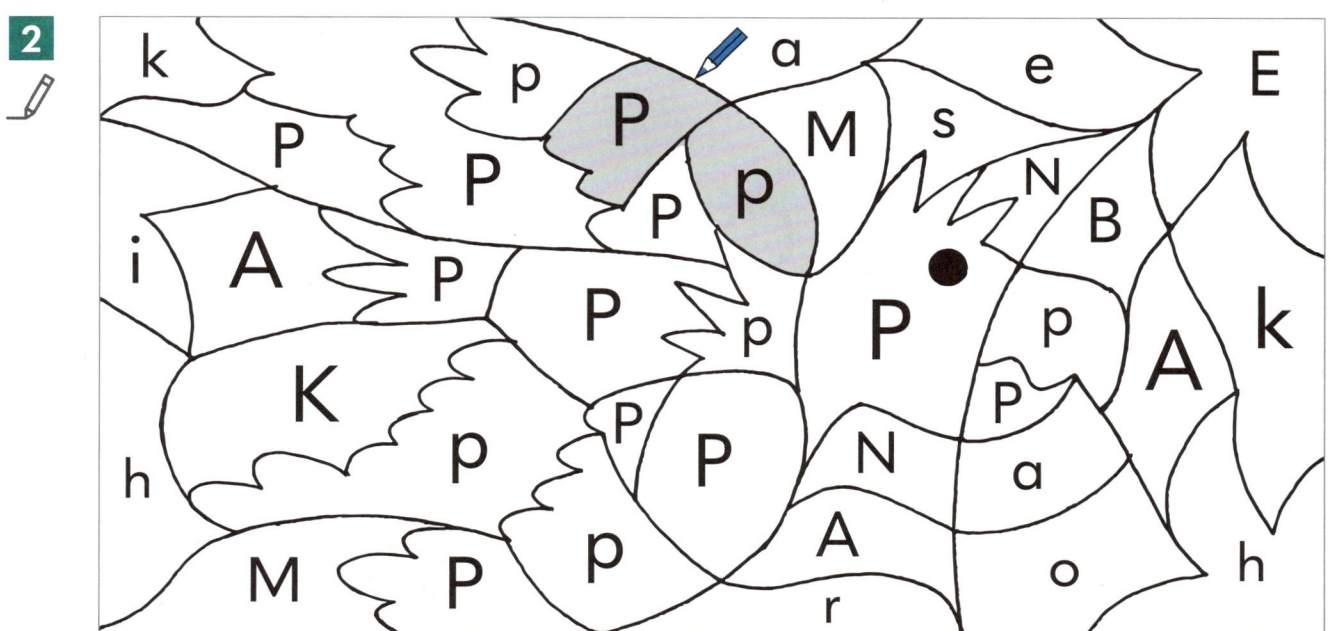

Aufgabe 1: P/p in den Wörtern entdecken und nachspuren
Aufgabe 2: alle Felder mit P/p farbig ausmalen

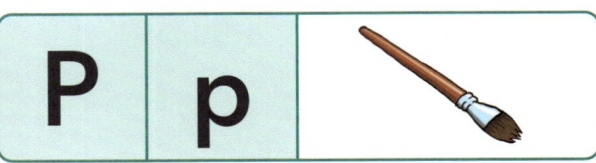

Papa ist am  .

Momo ist am  .

Opa  Oma.

Opa  Oma.

Aufgabe 1: Erzählbilder betrachten und Texte mit Wortbildergänzungen (Herd, Küchenschrank, liebt, malt) lesen
Balken: Dinge von den Seiten 36/37 (Paprika, Pinsel, Panda, Lampe), die einen /p/-Laut im Wort enthalten, mit Artikelpunkt
kennenlernen und benennen

Mimi ist im  .

Mama ist am  .

2

 Papa

 Opa

Pi Po pi pa po

Aufgabe 1: Erzählbild betrachten und Text mit Wortbildergänzung (Bett) lesen
Aufgabe 2: Bild betrachten, Wort lesen und nachspuren, Silbenbögen setzen
Balken: Silben lesen

1

2

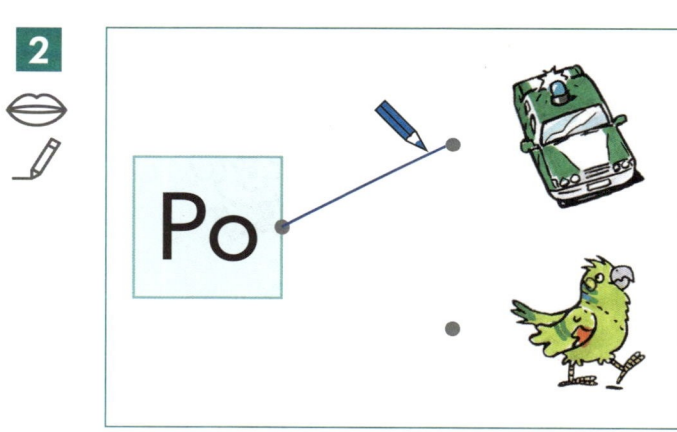

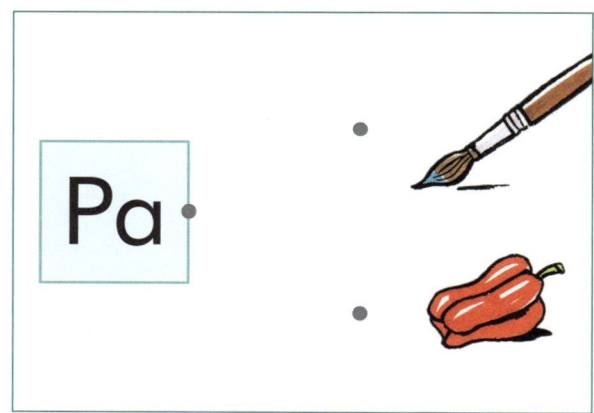

Aufgabe 1: Begriffe benennen und alle Begriffe, die einen /p/-Laut enthalten, einkreisen
Aufgabe 2: Anfangssilbe lesen, Begriffe benennen, Anfangssilbe mit richtigem Bild verbinden

1

2

O — pa — Pa

Opa

Papa

Aufgabe 1: Begriffe sprechschwingen, Silbenbögen einzeichnen
Aufgabe 2: Silben zusammenfügen, Buchstaben nachspuren, pa ergänzen (2x) und Silbenbögen setzen

39

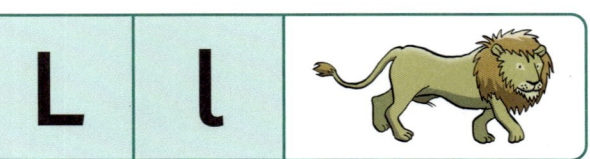

L l

1

l l l l l l l

2

1 L 1 l

3

L L L L L L L L L L L L

L L

l l l l l l l l l l l l l

l l

Aufgabe 1: Schwungübung
Aufgabe 2: L/l nachspuren
Aufgabe 3: L/l nachspuren und Restzeile entsprechend füllen

APP

Lola Palme

Igel   **L l**   Schal

Lama   Ali

Laterne

Aufgabe 1: L/l in den Wörtern entdecken und nachspuren
Aufgabe 2: alle Felder mit L/l farbig ausmalen

O, Lola, lila .

Ali  lila Limo.

Opa ist am .

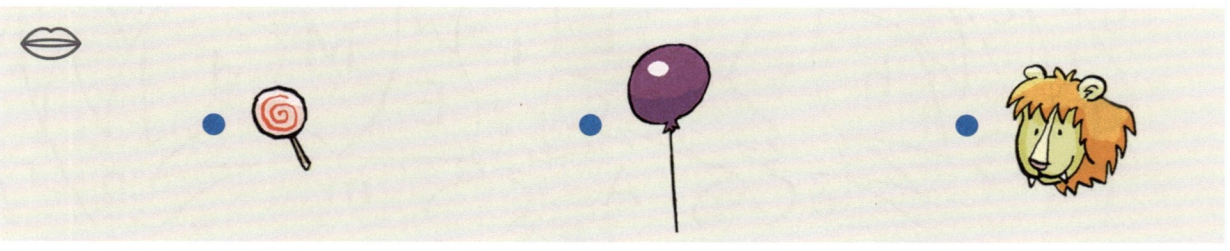

Aufgabe 1: Erzählbild betrachten und Text mit Wortbildergänzungen (Luftballons, trinkt, Stand) lesen
Balken: Dinge von Seite 42 (Lolli, Luftballon, Löwe), die einen /l/-Laut im Wort enthalten, mit Artikelpunkt
kennenlernen und benennen

1

Ali ist im 🚗 .

Mama im lila 👗

Limo ist im 🧺 .

2

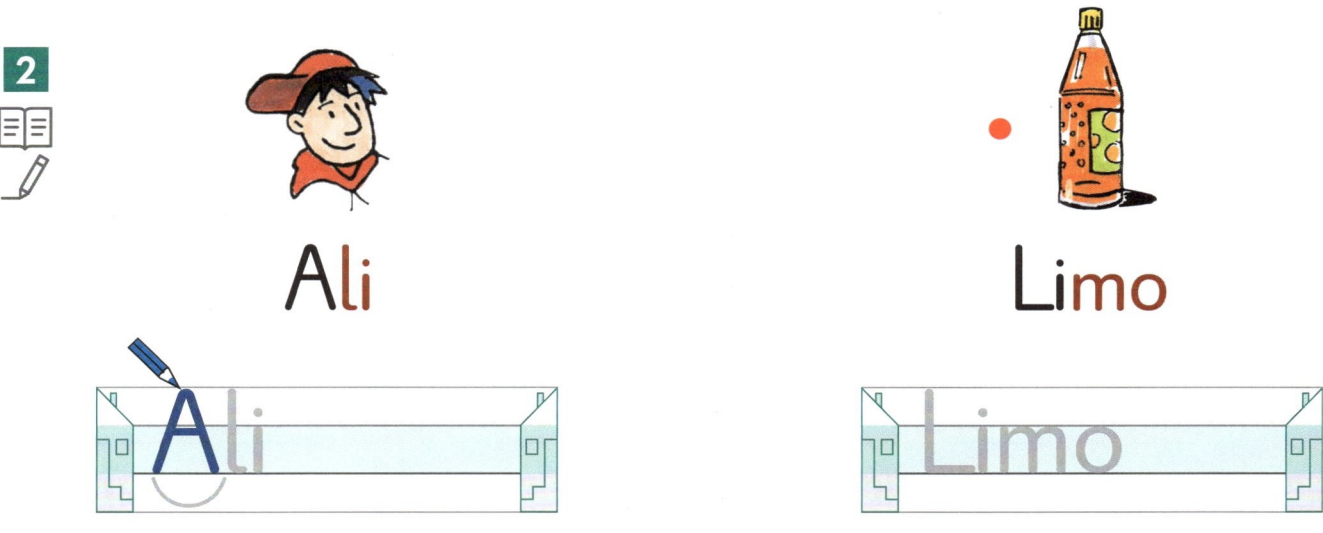

Ali   Limo

Lo   Li   La   lo   la

Aufgabe 1: Sätze mit Wortbildergänzungen (Auto, Kleid, Korb) lesen und mit den richtigen Illustrationen verbinden   **43**
Aufgabe 2: Bild betrachten, Wort lesen und nachspuren, Silbenbögen einzeichnen
Balken: Silben lesen

1

2

Lo

La

La

Li

Aufgabe 1: Begriffe benennen und alle Begriffe, die einen /l/-Laut enthalten, einkreisen
Aufgabe 2: Anfangssilbe lesen, Begriffe benennen, Anfangssilbe mit richtigem Bild verbinden

1 · Lama

· Lola

· Limo

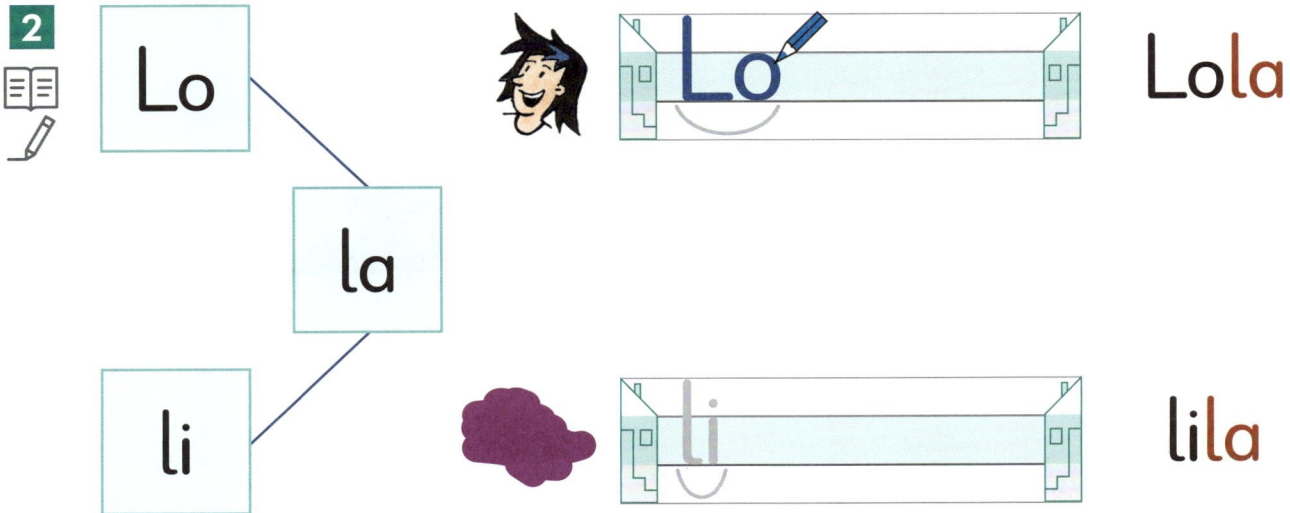

Lola

lila

Aufgabe 1: Begriff sprechschwingen, Silbenbögen einzeichnen, Wörter lesen und
Abbildung mit richtigem Wort verbinden
Aufgabe 2: Silben zusammenfügen, Buchstaben nachspuren, la ergänzen (2x) und Silbenbögen setzen

Oma ist im  .

Mimi ist im .

Mama ist im .

Aaa! Mo ist im  .

Opa ist im lila .

Lesetext mit den eingeführten Buchstaben und Wortbildergänzungen
Das Ganzwort *ist* ist zur besseren Wiedererkennung hervorgehoben

Mo ist am  .

Ali ist im .

Lila Limo ist am .

Ist Mo im  ?

Ist Mo am ?

Lesetext mit den eingeführten Buchstaben und Wortbildergänzungen
Einführung von Fragesätzen mit Fragezeichen
Das Ganzwort *ist* ist zur besseren Wiedererkennung hervorgehoben

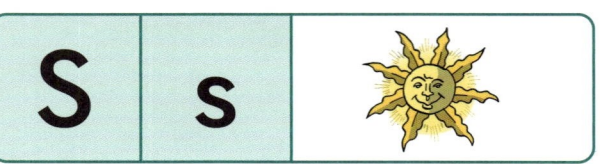

1

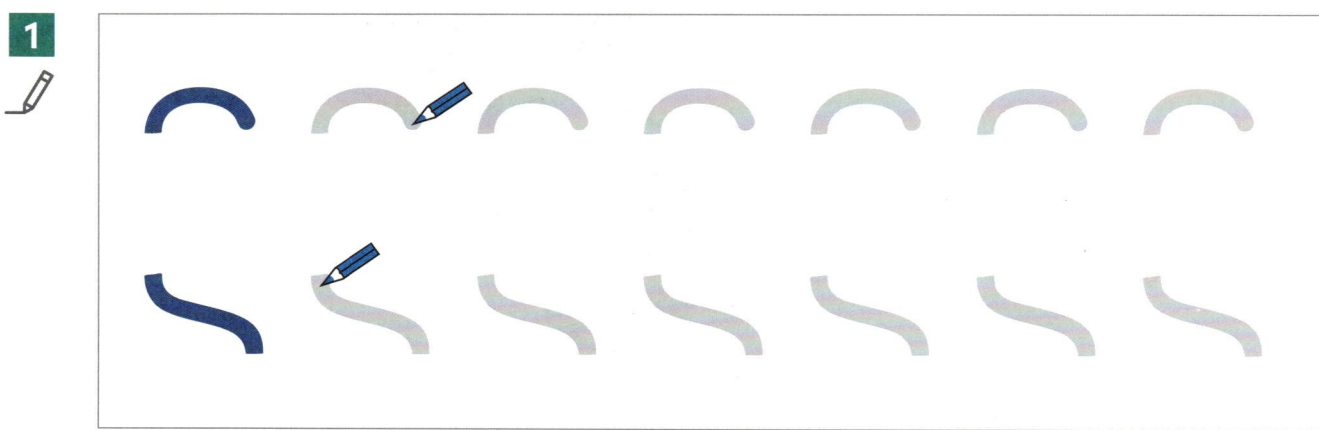

2

3

Aufgabe 1: Schwungübung
Aufgabe 2: S/s nachspuren
Aufgabe 3: S/s nachspuren und Restzeile entsprechend füllen

APP

m S A c

C S U s e B
S M S R
e L s i
S a s O

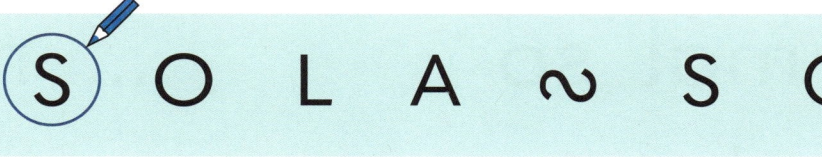

S S O L A ∾ S O S

s s a ⊃ o a w s

 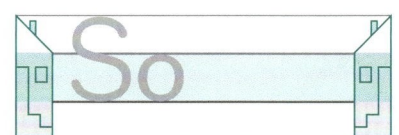 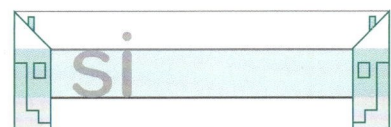

Sa So si

Aufgabe 1: alle S/s einkreisen
Aufgabe 2: S/s erkennen und einkreisen
Aufgabe 3: Silben in Dreierlineatur nachspuren

S s

Sami ist ...

... mal so   ... mal so.

Ali ist ...

... mal so   ... mal so.

Aufgabe 1: Text lesen und die dazugehörigen Bilder besprechen
Balken: Dinge von Seite 50/51 (Sonne, Sandburg), die einen /s/-Laut im Wort enthalten,
mit Artikelpunkt kennenlernen und benennen

1

Lisa ist ...

... mal so   ... mal so.

2

| Ist | Lisa |  ? | ☒ |
| Ist | Lisa |  ? | ☐ |

| Ist | Ali |  ? | ☐ |
| Ist | Ali |  ? | ☐ |

Si   So   Sa   so   si

Aufgabe 1: Text lesen und die dazugehörigen Bilder besprechen
Aufgabe 2: Fragen lesen, Illustration betrachten und passende Frage ankreuzen
Balken: Silben lesen

51

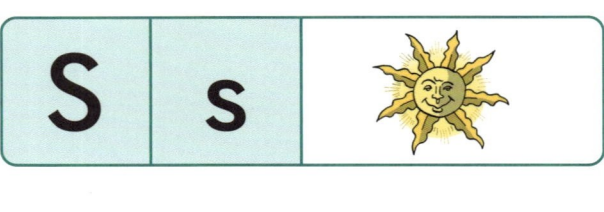

1

2

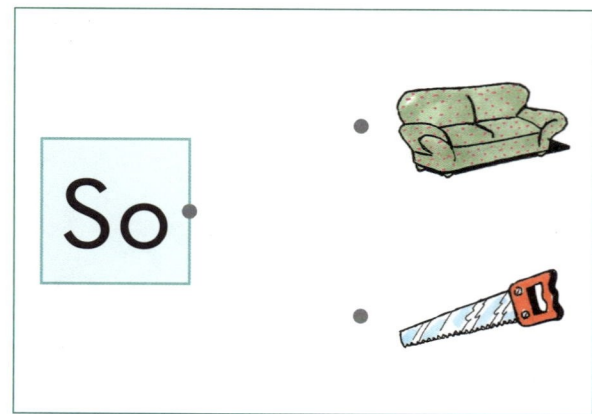

Aufgabe 1: Begriffe benennen und alle Begriffe, die einen /s/-Laut enthalten, einkreisen
Aufgabe 2: Anfangssilbe lesen, Begriffe benennen, Anfangssilbe mit richtigem Bild verbinden

1

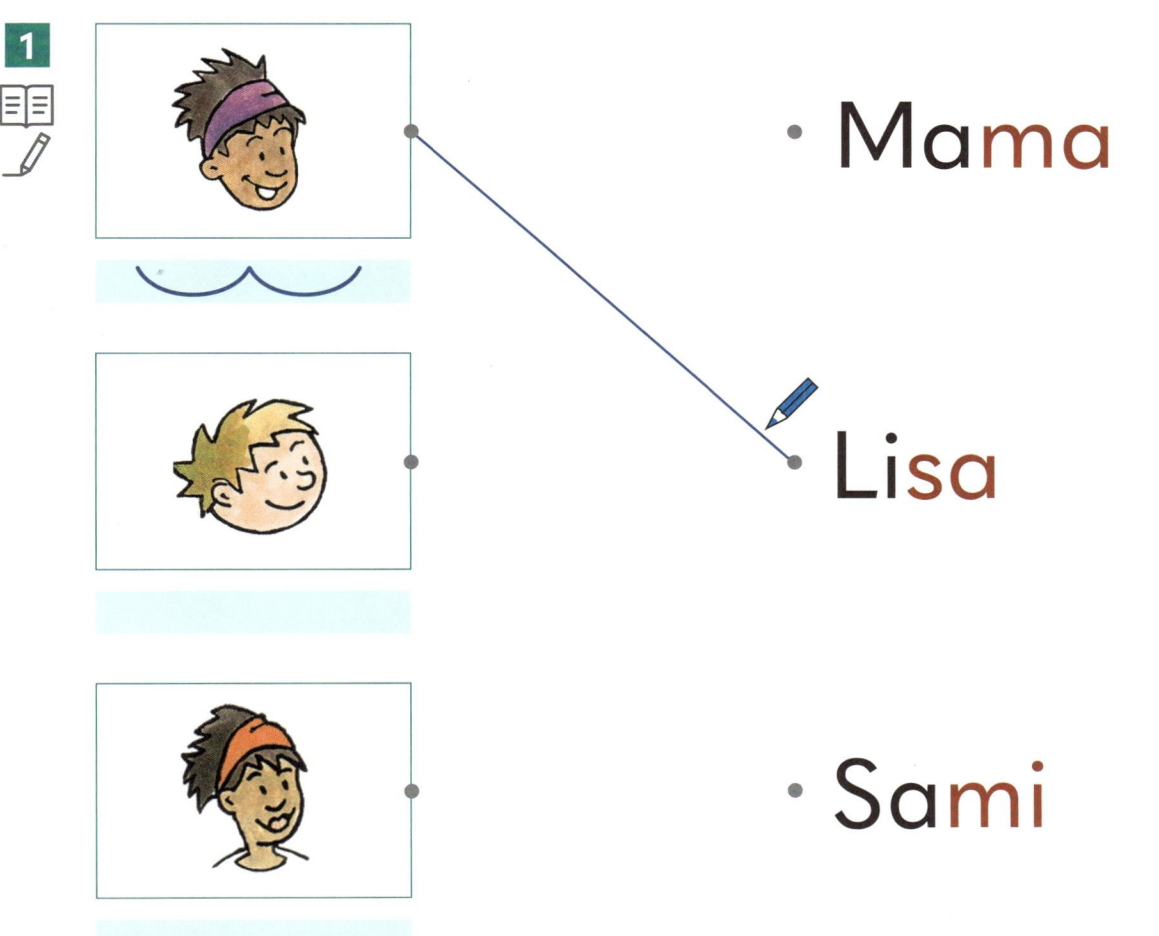

Mama

Lisa

Sami

2

Limo

Lima

Salami

Salomi

Lisi

Lisa

Aufgabe 1: Begriff sprechschwingen, Silbenbögen einzeichnen, Wörter lesen und
Abbildung mit richtigem Wort verbinden
Aufgabe 2: Begriff benennen, Wörter erlesen und Abbildung mit richtigem Wort verbinden

53

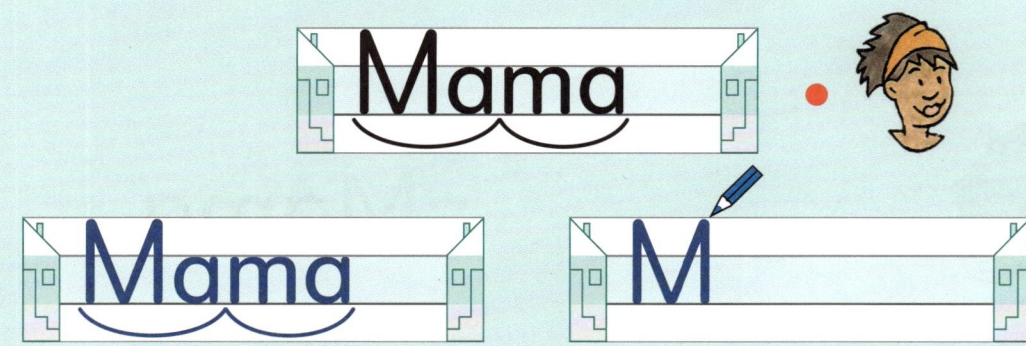

Mama

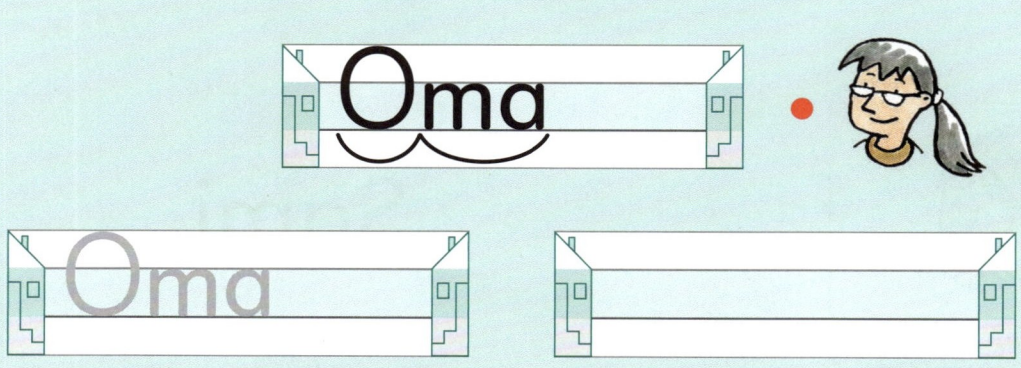

Oma

Papa

Wörter in der Lineatur lesen; Wörter nachspuren, Silbenbögen setzen und
Wörter selbstständig in Dreierlineatur schreiben; optional: Silbenbögen setzen

Lama

Lama

Limo

Limo

Salami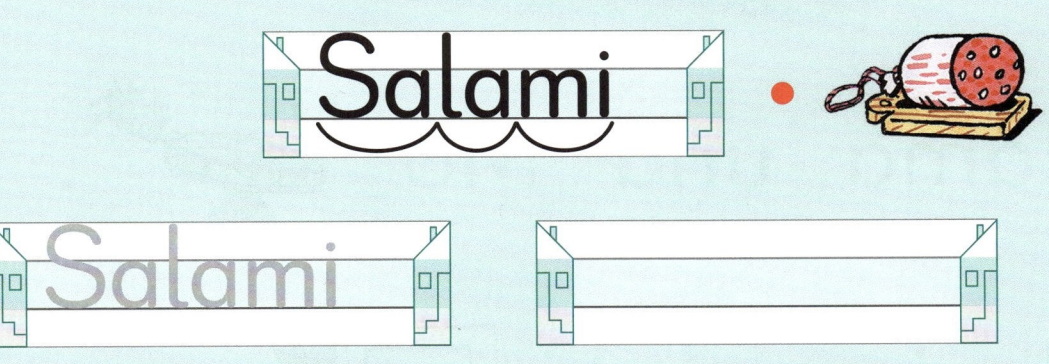

Salami

Wörter in der Lineatur lesen; Wörter nachspuren, Silbenbögen setzen und
Wörter selbstständig in Dreierlineatur schreiben; optional: Silbenbögen setzen

55

und

Mama **und** Mo  .

Mimi **und** Li  .

Aufgabe 1: Einführung Ganzwort *und*, optische Analyse: Einkreisen des Ganzwortes (6x)
Aufgabe 2: Erzählbild betrachten und Text mit Wortbildergänzungen (fahren, spielen Basketball) lesen

Oma und Opa  .

Ali und Lola  .

Ali und Momo

Lisa und Mama

Mo und Sami

Aufgabe 1: Erzählbilder betrachten und Text mit Wortbildergänzungen (machen Picknick, fahren Skateboard) lesen
Aufgabe 2: Namen lesen und mit den richtigen Illustrationen verbinden

Momo und Papa .

Lila Limo ist im .

Papa  so.

1

Opa

Papa

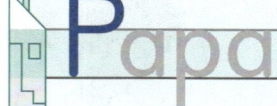

Aufgabe: Text mit Wortbildergänzungen (kicken oder spielen Fußball, Tor, schießt) lesen;
die beiden Ganzwörter sind zur besseren Wiedererkennung hervorgehoben
Aufgabe 1: Grundwortschatzwörter lesen, Wörter schreiben und Silbenbögen setzen

APP

Wörterliste

L l

Lama	Lama 
lila	lila
Limo	Limo

P p

Papa	Papa

S s

Salami	Salami
Sami	Sami
so	so

E e

1

C C C C C C C

2

E e

3

E E E E E E E E E E E E

E   E

e e e e e e e e e e e e

e   e

Aufgabe 1: Schwungübung
Aufgabe 2: E/e nachspuren
Aufgabe 3: E/e nachspuren und Restzeile entsprechend füllen

APP

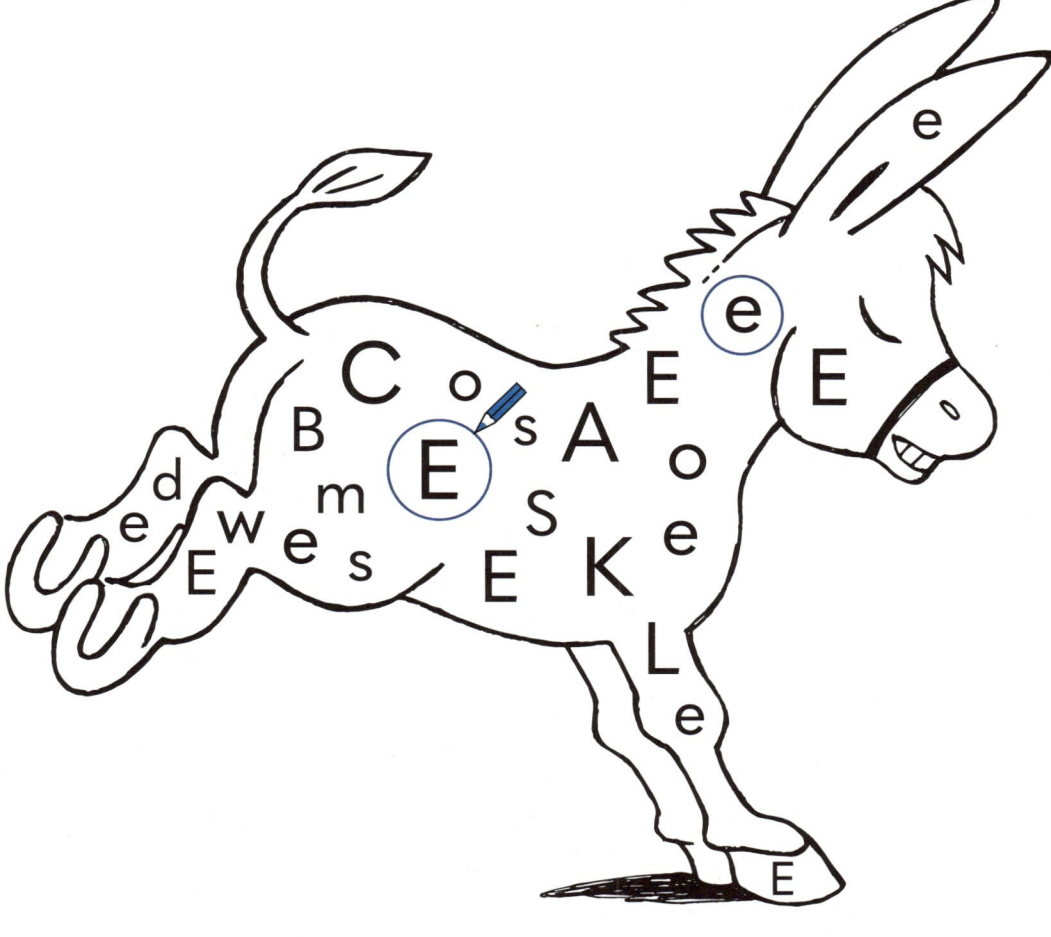

E | E L E F E T E I

e | e g a c e c e o

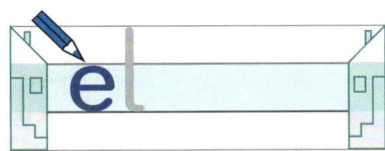  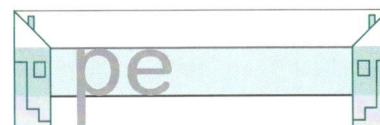

Aufgabe 1: alle E/e einkreisen
Aufgabe 2: E/e erkennen und einkreisen
Aufgabe 3: Silben in Dreierlineatur nachspuren

Pepe: Ela, male Mo.

Momo: Pepe, male Ela.

Sami: Ali, male! Lisa, male!

Aufgabe 1: Erzählbild betrachten und Text lesen
Balken: Dinge von Seite 62 (Elefant, Ente, Esel), die einen /e/-Laut im Wort enthalten,
mit Artikelpunkt kennenlernen und benennen

1

Los Ole, male Mo!

2

☐ Ela ist am 🖥.

☒ Lisa ist am 🪑.

☐ Ali ist am 📚.

☐ Ole ist am 🪑.

Em Ep El pe se em

Aufgabe 1: Erzählbild betrachten und Text lesen – Aufgabe 2: Illustration betrachten und
Sätze mit Wortbildergänzungen (Computer, Tisch, Regal, Tisch) lesen, richtige Aussage ankreuzen
Balken: Silben lesen

63

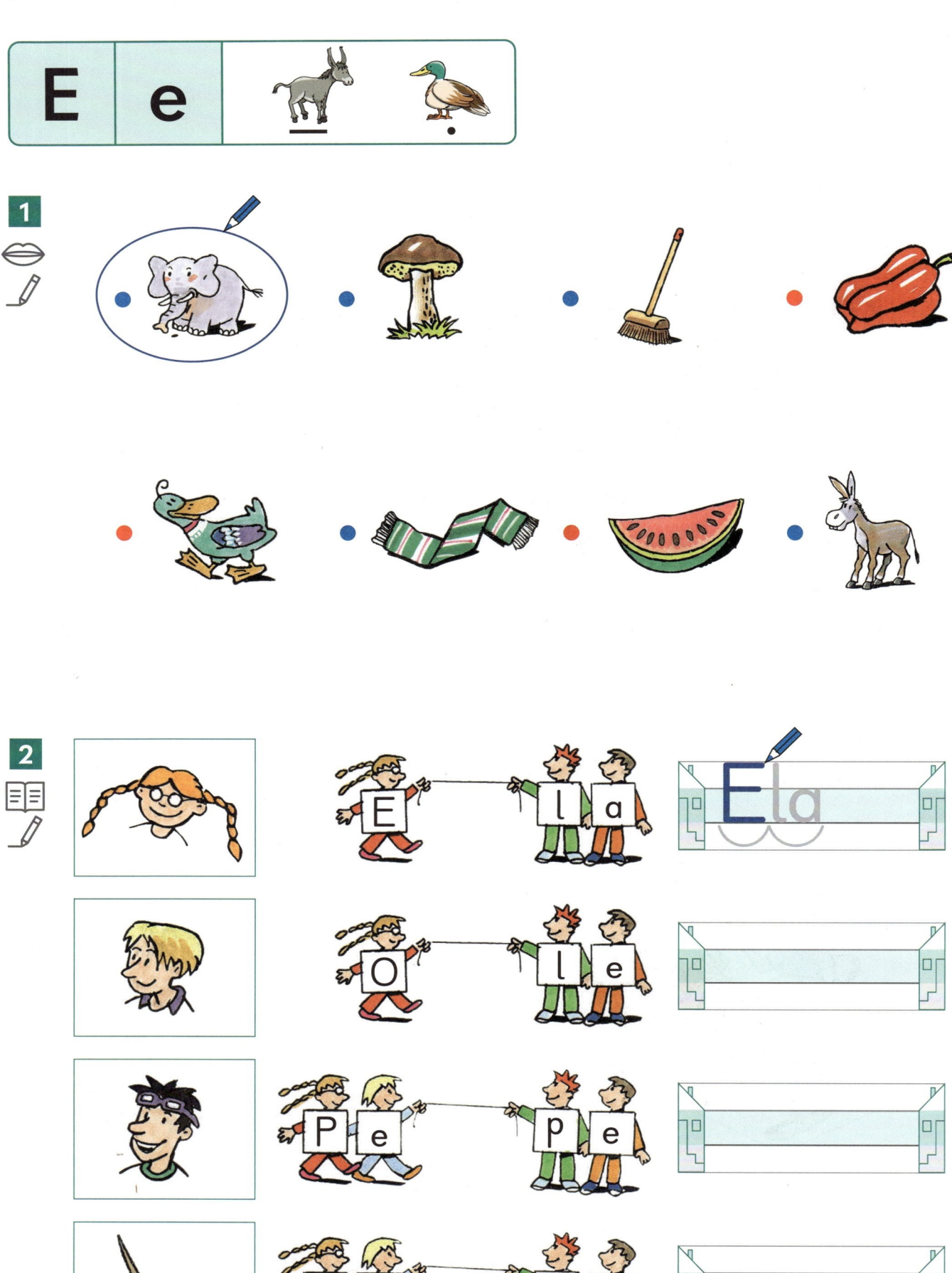

Aufgabe 1: Begriffe benennen und alle Begriffe, die einen /e/-Laut enthalten, einkreisen
Aufgabe 2: Bilder benennen, Anfangs- und Endsilbe zusammenfügen und aufschreiben, Silbenbögen setzen

1

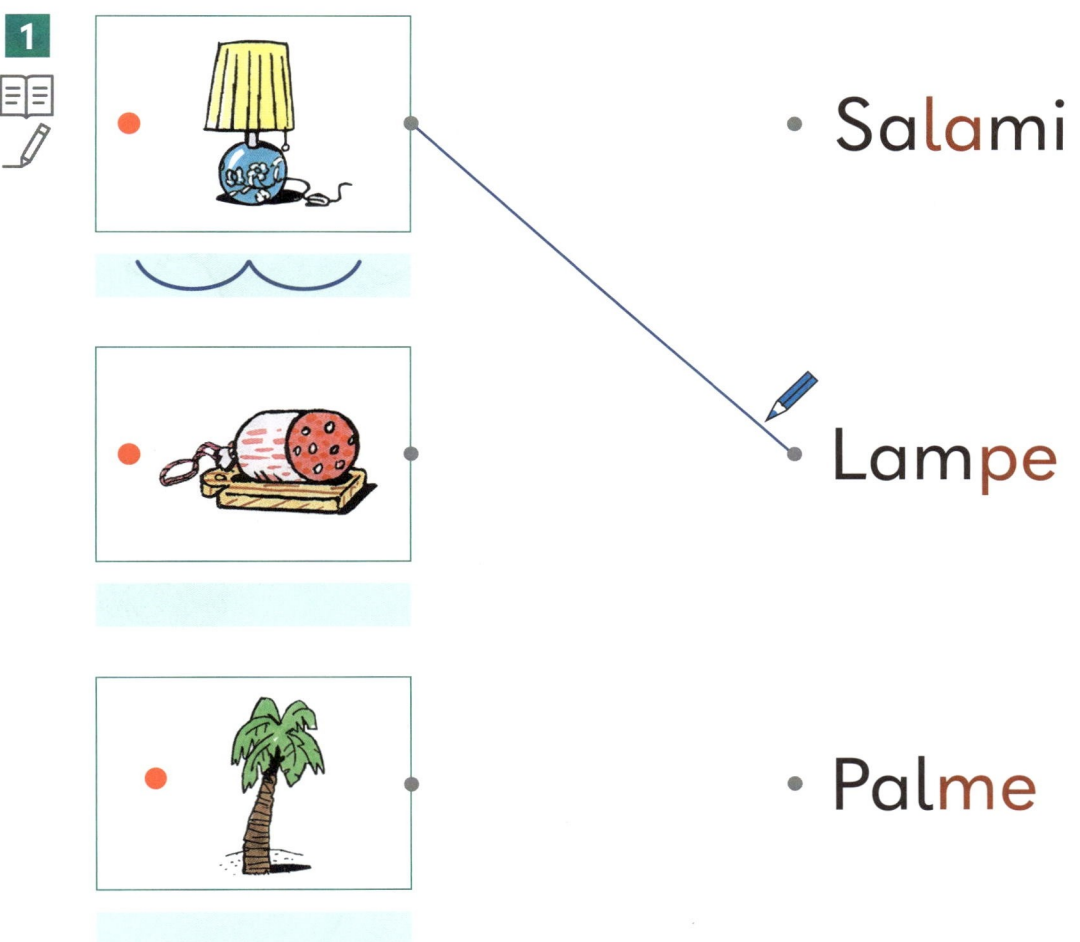

• Salami

• Lampe

• Palme

2

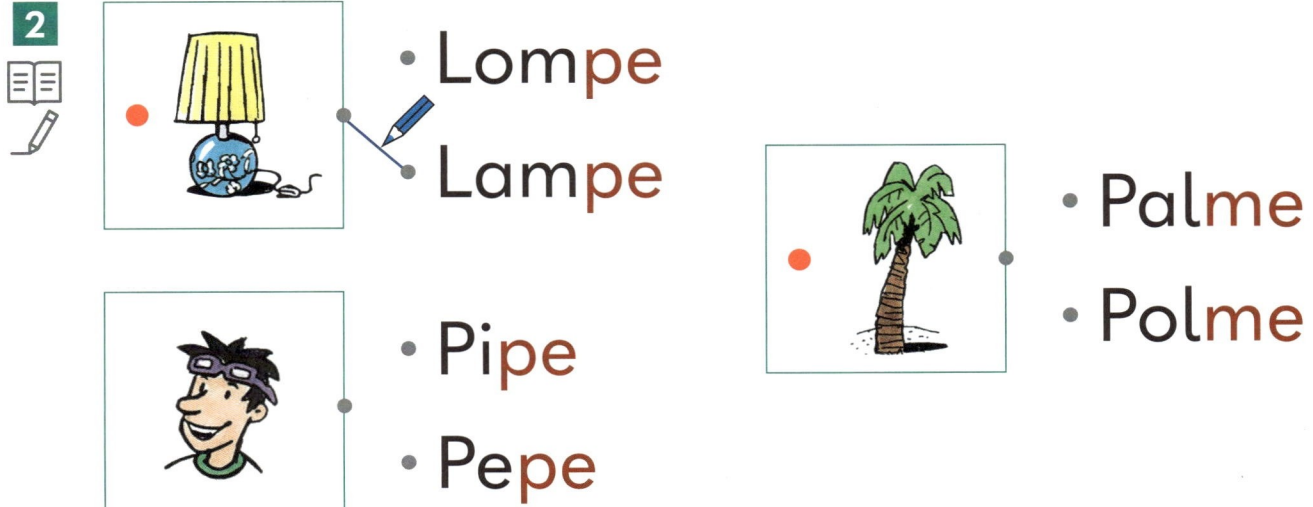

Lompe
Lampe

• Palme
• Polme

• Pipe

• Pepe

Aufgabe 1: Begriff sprechschwingen, Silbenbögen einzeichnen, Wörter lesen und
Abbildung mit richtigem Wort verbinden
Aufgabe 2: Begriff benennen, Wörter lesen und Abbildung mit richtigem Wort verbinden

 Lisa und Mo:

Esel ist los.

Esel ist am Salat.

 Mo: Lama!

Limo?

Ist Limo lila?

Lisa ist am  .

Ali ist am  .

Sami: So, Ali!

So, Lisa!

Es ist so:

Mal Lisa und mal Ali.

N n

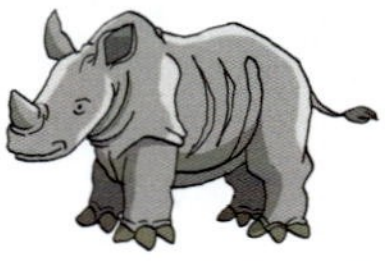

1

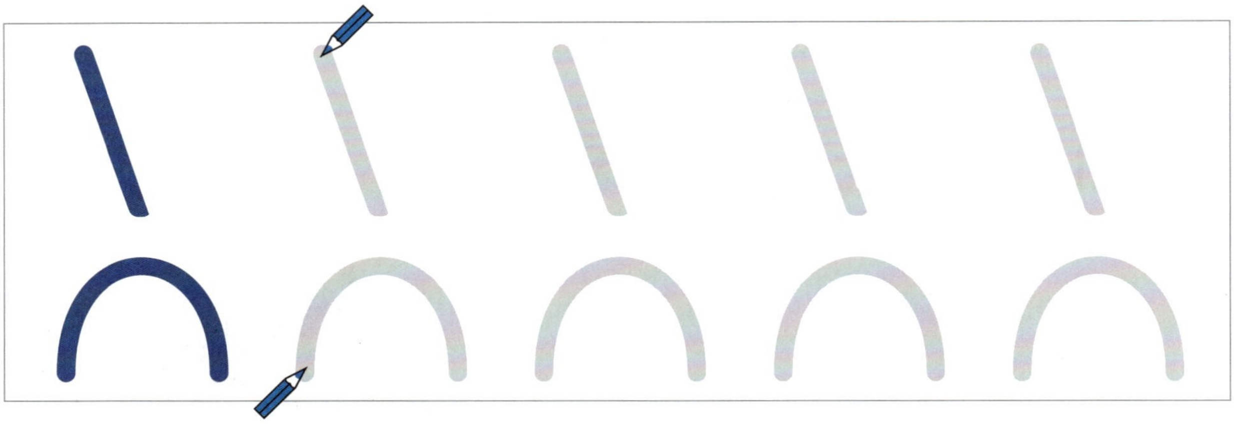

2

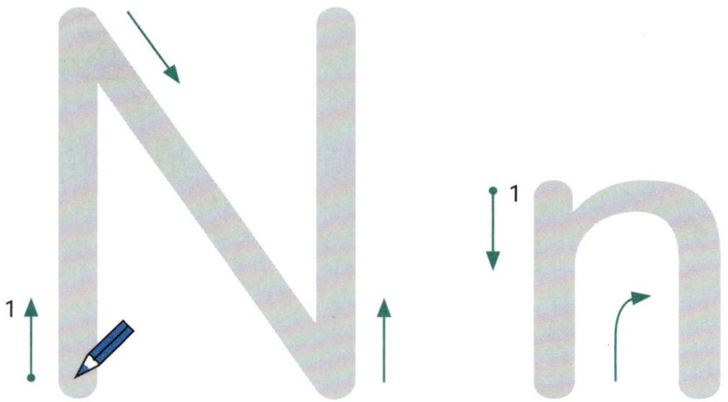

3

Aufgabe 1: Schwungübung
Aufgabe 2: N/n nachspuren
Aufgabe 3: N/n nachspuren und Restzeile entsprechend füllen

APP

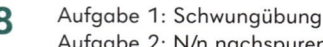

1

2

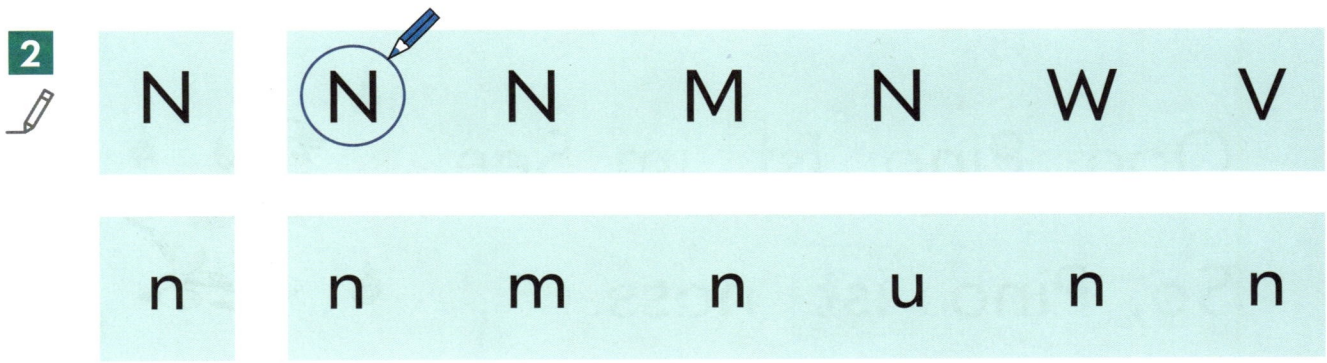

3

Aufgabe 1: alle N/n einkreisen
Aufgabe 2: N/n erkennen und einkreisen
Aufgabe 3: Silben in Dreierlineatur nachspuren

N **n**

1 Pino ist Ninas  .

Nina  Pino.

Nina und Pino

am See

Ooo, Pino ist im See.

So, Pino ist nass.

Aufgabe 1: Text mit Wortbildunterstützung lesen
Balken: Figuren von Seite 70 (Hund, Nina), die einen /n/-Laut im Wort enthalten, mit Artikelpunkt kennenlernen und benennen

1 Nale ist Elas Lama.

Ela  Nale.

Ela  Pino.

Pino  Nale.

Pino und Nale,

Nase an Nase.

Ne Ni No   ni   na   ne

1

2

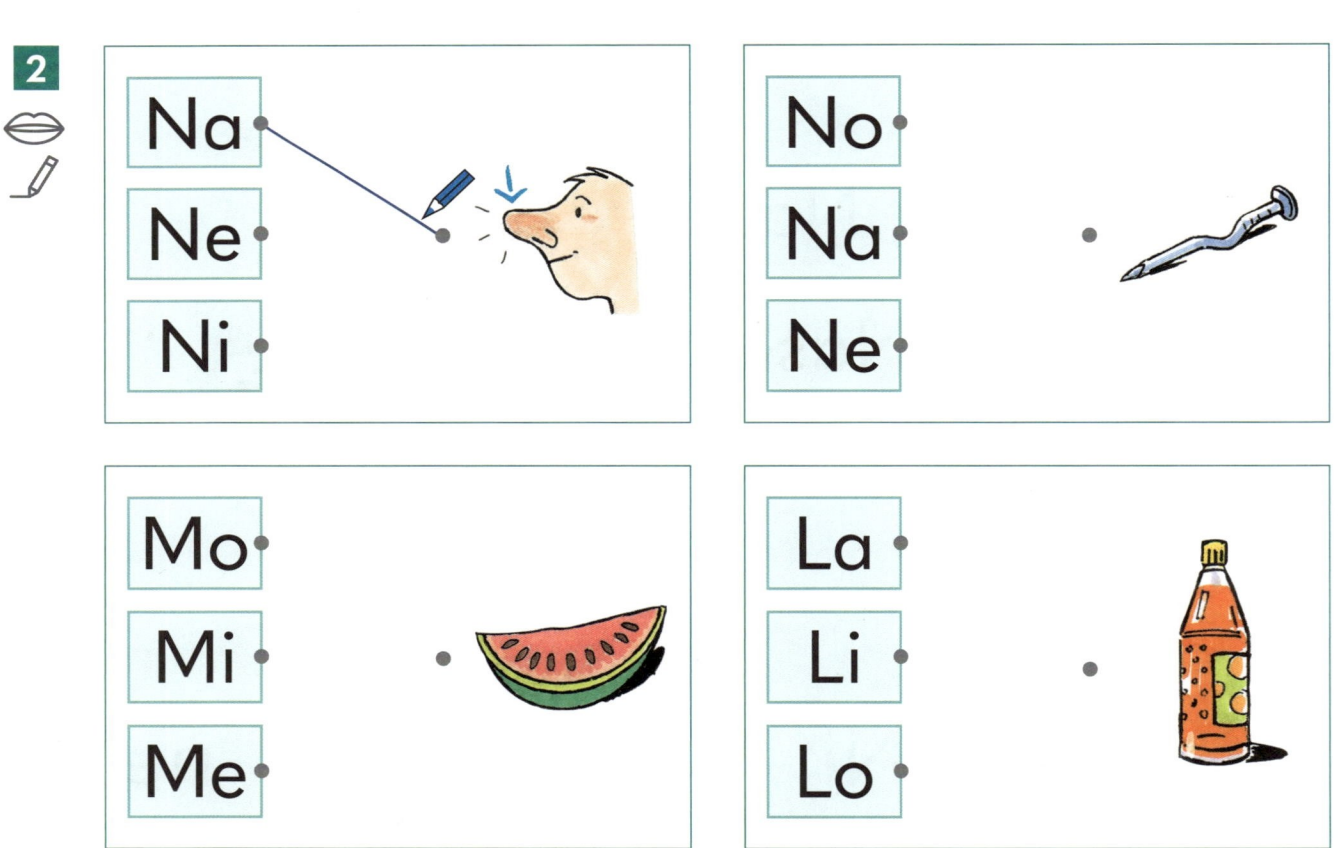

Aufgabe 1: Begriffe benennen und alle Begriffe, die einen /n/-Laut enthalten, einkreisen

Aufgabe 2: Anfangssilben lesen, Begriffe benennen und richtige Anfangssilbe mit Abbildung verbinden

1

Nase

Na se

Melone

Ananas

2

Ananas
Anonas

Milane
Melone

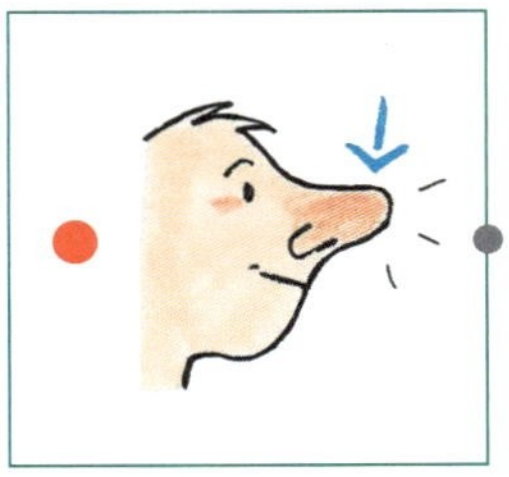

Nase
Nose

Aufgabe 1: Begriff sprechschwingen, Silbenbögen einzeichnen, Wörter erlesen,
Abbildung mit richtigem Wort verbinden und aufschreiben
Aufgabe 2: Begriff benennen, Wörter erlesen und Abbildung mit richtigem Wort verbinden

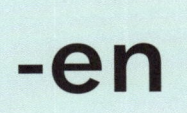

-en

1 Mo und Li malen Pepe an.

Ela und Momo malen Lola an.

Lolas Nase ist lila.

Lisa und Mama und Papa lesen.

malen   lesen

Aufgabe 1: Text lesen und Erzählbilder betrachten
Die Ganzwörter *ist* und *und* sind zur besseren Wiedererkennung hervorgehoben
Balken: Hervorhebung der Endung -en

1

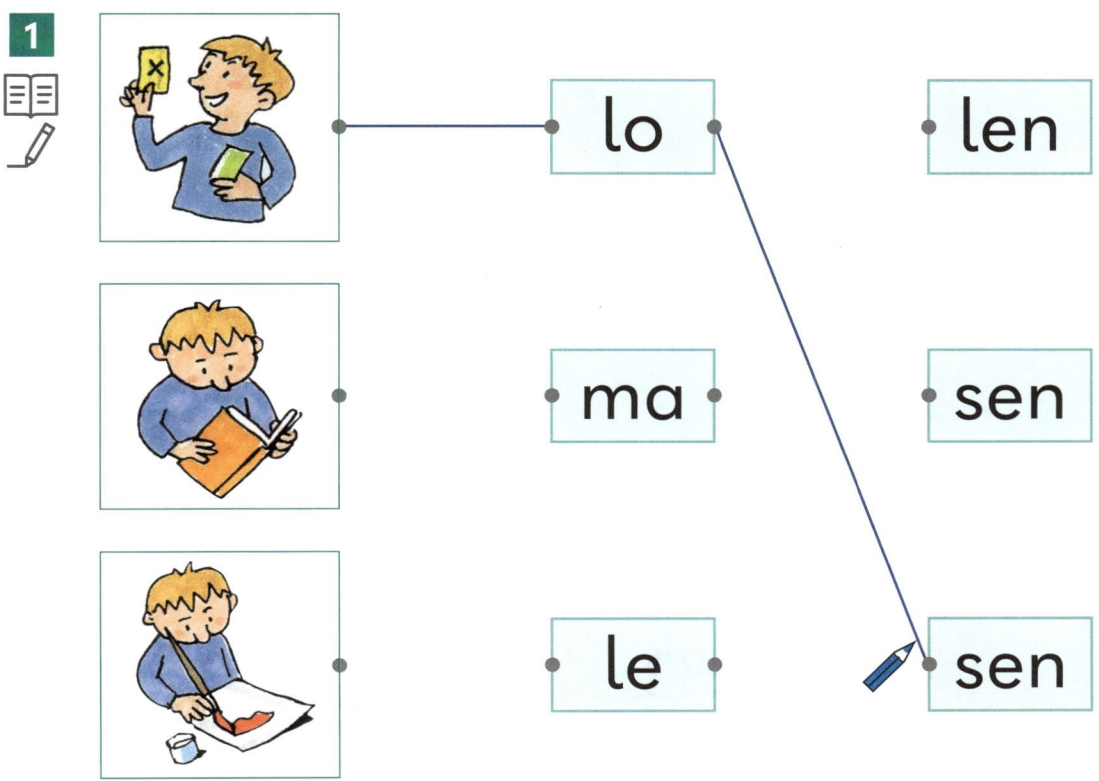

2

malen

lesen

losen

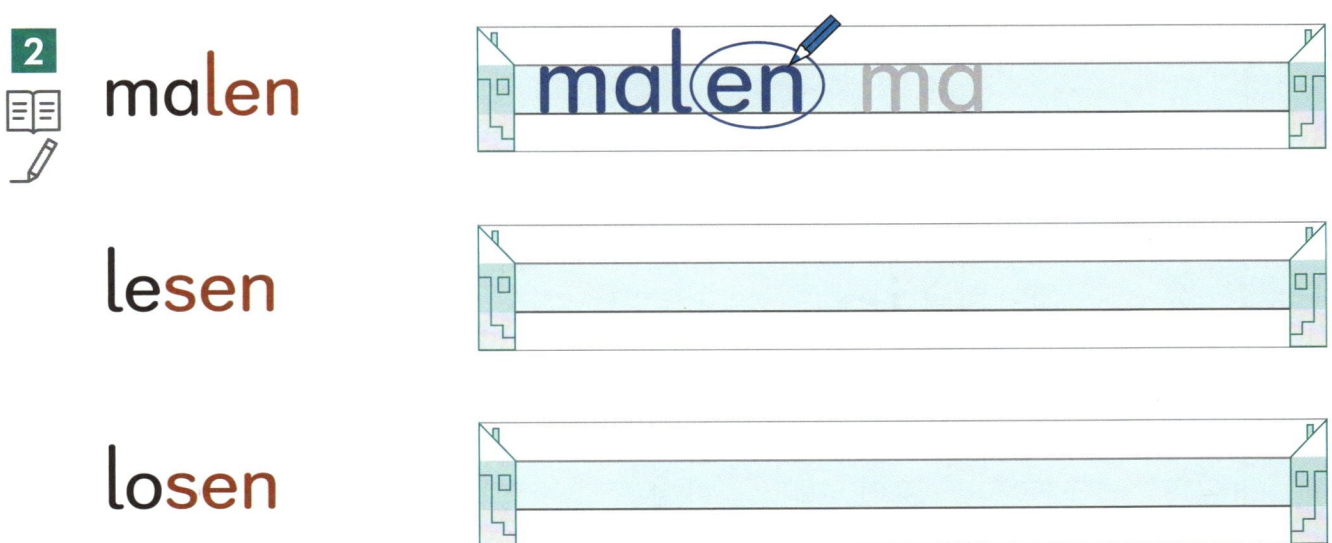

Aufgabe 1: Abbildung betrachten, Abbildung und richtige Anfangs- und Endsilbe verbinden
Aufgabe 2: Verben in der Grundform lesen und aufschreiben, Endung -en einkreisen

75

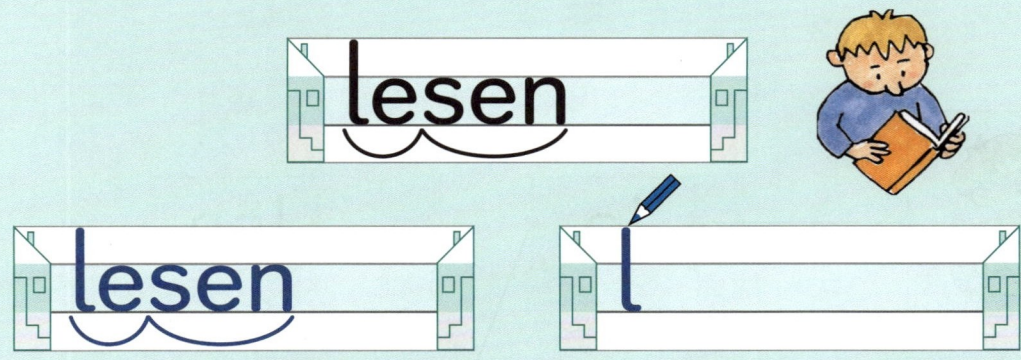

lesen

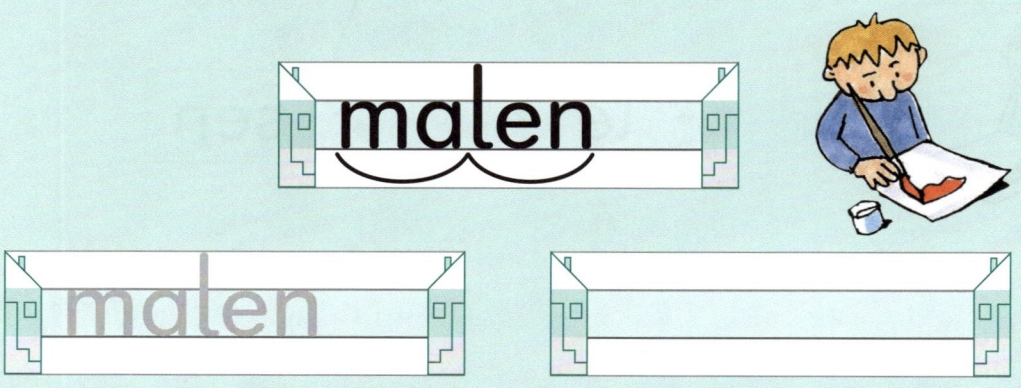

malen

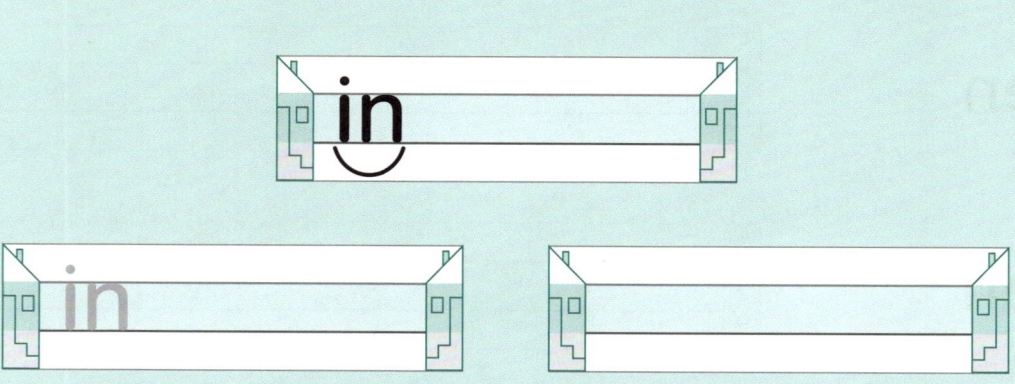

in

Wörter in der Lineatur lesen; Wörter nachspuren, Silbenbögen setzen und
Wörter selbstständig in Dreierlineatur schreiben; optional: Silbenbögen setzen

Nase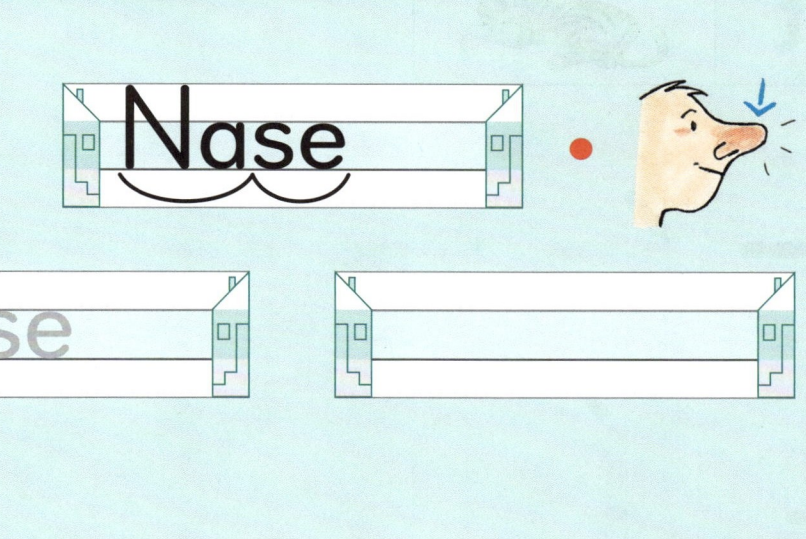

Nase

Melone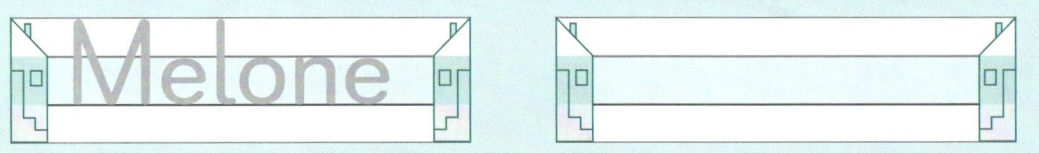

Melone

Ananas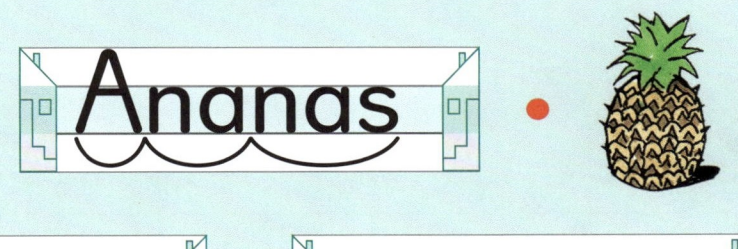

Salami

Lampe

Lampe

Wörter in der Lineatur lesen; Wörter nachspuren, Silbenbögen setzen und
Wörter selbstständig in Dreierlineatur schreiben; optional: Silbenbögen setzen

77

1

2

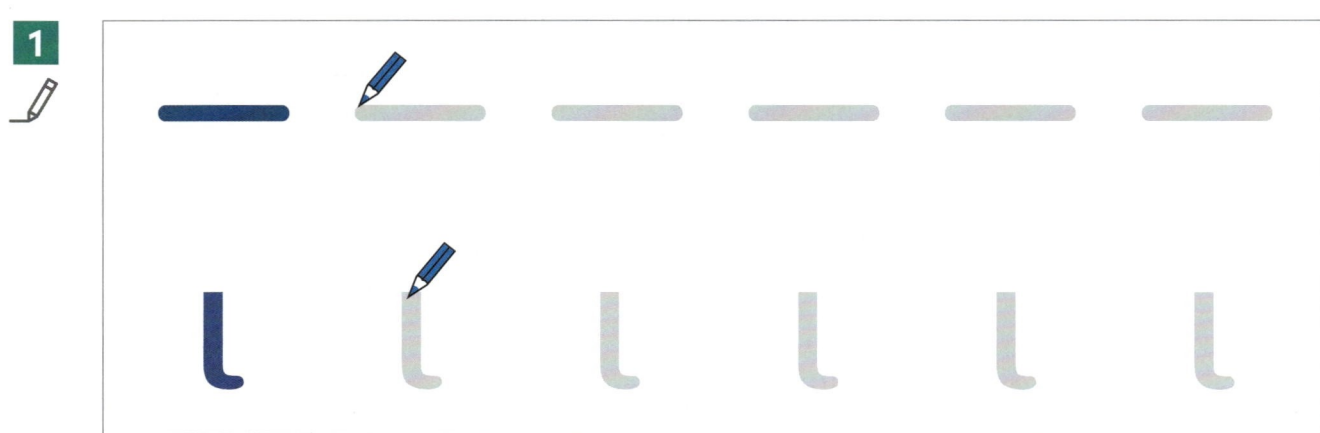

3

Aufgabe 1: Schwungübung
Aufgabe 2: T/t nachspuren
Aufgabe 3: T/t nachspuren und Restzeilen entsprechend füllen

APP

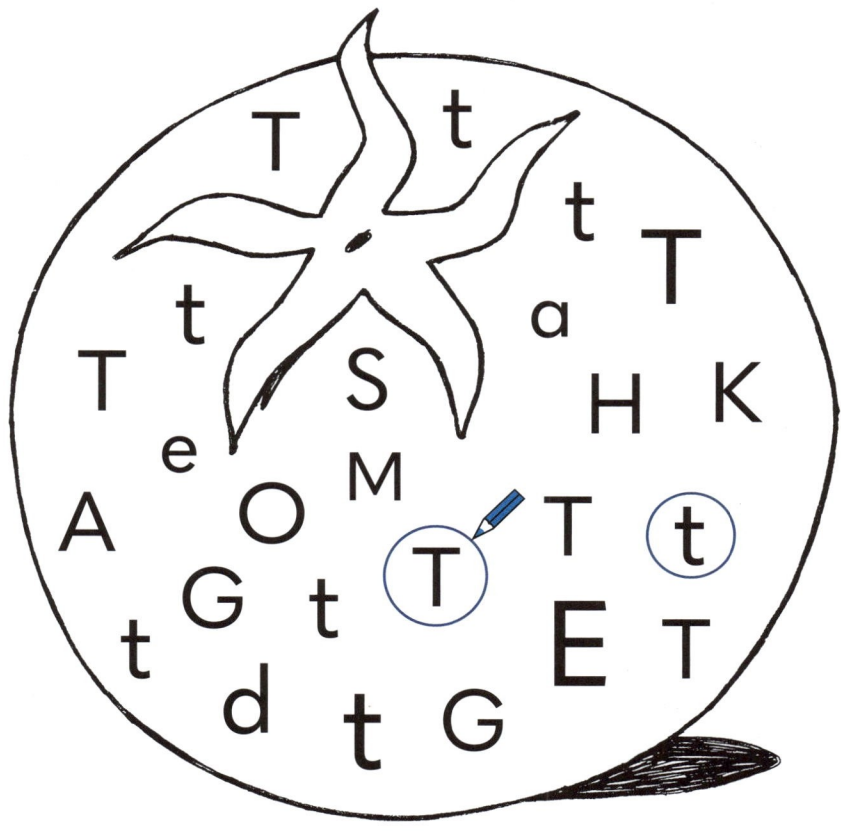

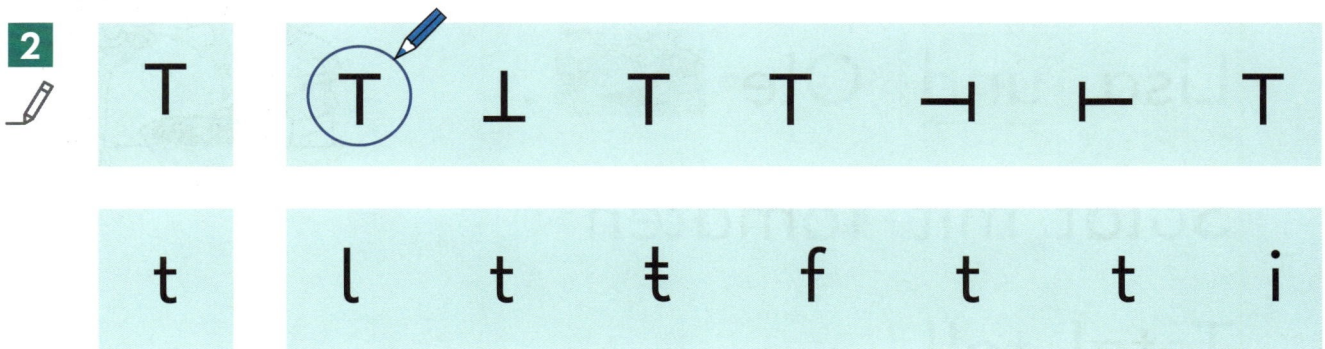

3

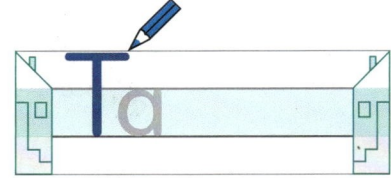 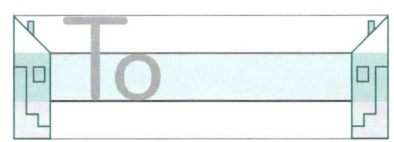 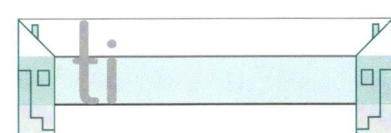

Aufgabe 1: alle T/t einkreisen
Aufgabe 2: T/t erkennen und einkreisen
Aufgabe 3: Silben in Dreierlineatur nachspuren

T **t**

1 Mo  Tomaten.

Lisa  Tomaten.

Ole  .

Lisa und Ole  .

Salat mit Tomaten

Total toll !

Aufgabe 1: Text mit Wortbildergänzungen (wäscht, schneidet, schneidet Brot, würzen) lesen und Erzählbilder betrachten – Balken: Dinge von Seite 80/81 (Brot, Tomate, Weintrauben), die einen /t/-Laut im Wort enthalten, mit Artikelpunkt kennenlernen und benennen

APP

1 Salat mit:

Melone, Ananas und

Mmm !

2 Male Salat

mit Salami.

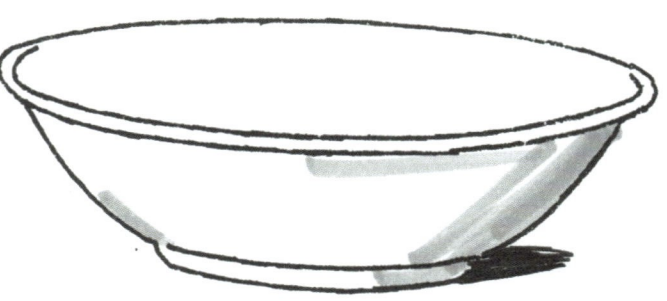

Ti   Te   To   ta   te   ti

Aufgabe 1: Text mit Wortbildergänzung (Weintrauben) lesen und Erzählbilder betrachten
Aufgabe 2: Aufgabenstellung erlesen und malen
Balken: Silben lesen

81

T t

1

2

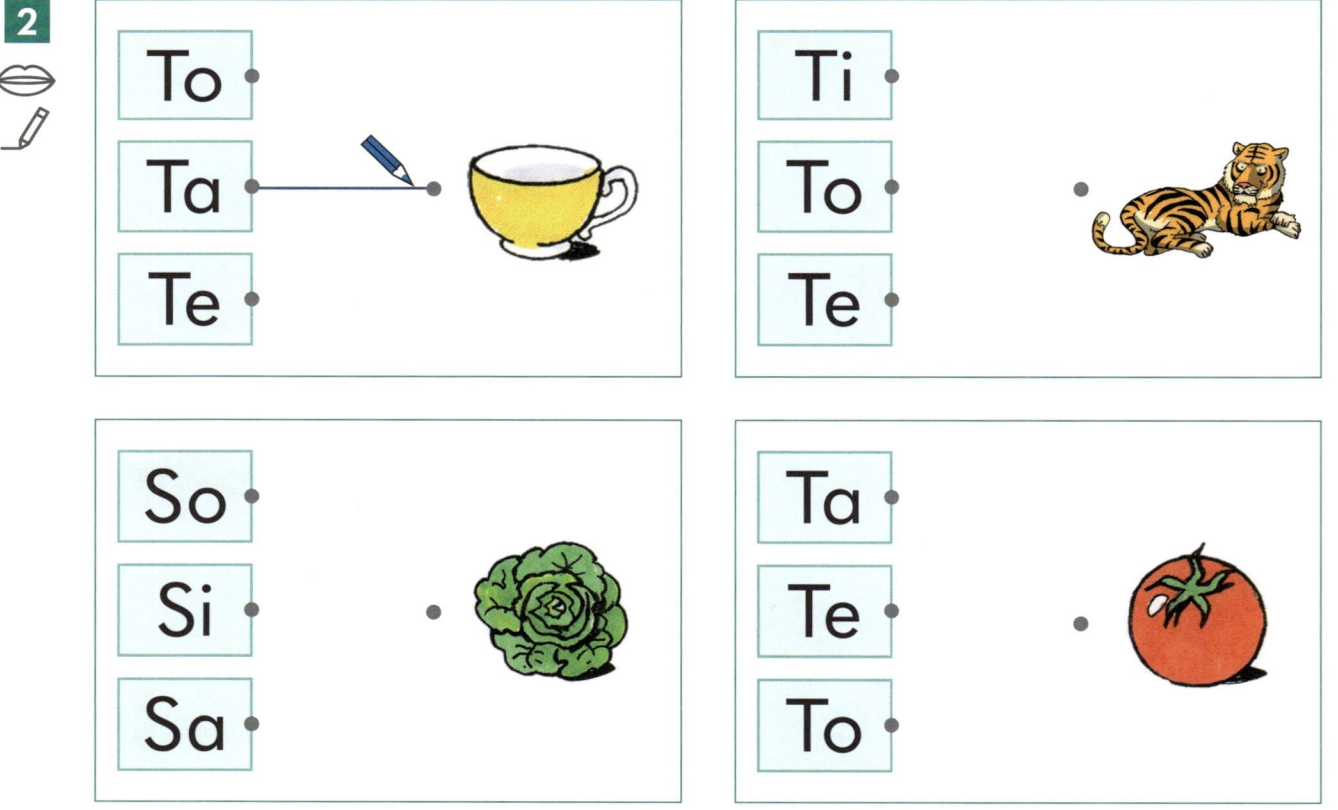

To			Ti	
Ta			To	
Te			Te	

So			Ta	
Si			Te	
Sa			To	

Aufgabe 1: Begriffe benennen und alle Begriffe, die einen /t/-Laut enthalten, einkreisen
Aufgabe 2: Anfangssilben lesen, Begriffe benennen und richtige Anfangssilbe mit Abbildung verbinden

1

• Salat

• Limo

• Tomate   Tomate

2

Moto
Mote

Salat
Salit

• Pilat
• Pilot

Aufgabe 1: Begriff sprechschwingen, Silbenbögen einzeichnen, Wörter erlesen,
Abbildung mit richtigem Wort verbinden und aufschreiben
Aufgabe 2: Begriff benennen, Wörter erlesen und Abbildung mit richtigem Wort verbinden

83

📖 Mo und Lisa lesen:

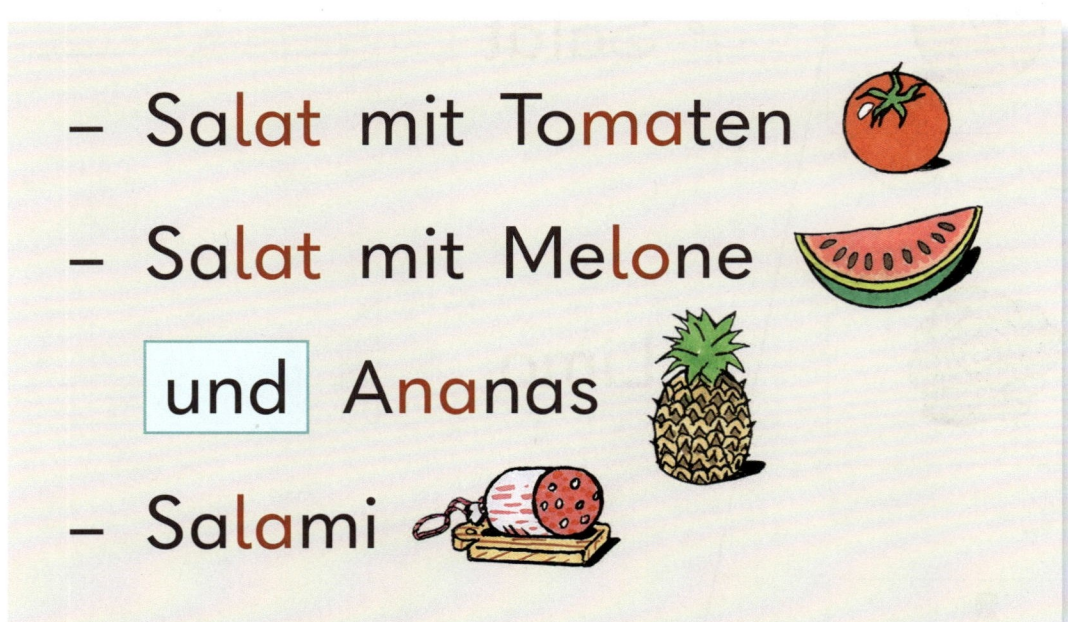

- Salat mit Tomaten
- Salat mit Melone

  und Ananas

- Salami

1 Opa und Papa malen.

📖 ✏️ Opa malt: Oma mit lila Nase.

Papa malt: Mama mit Lama.

84 Lesetext mit den eingeführten Buchstaben
Aufgabe 1: Lese-Mal-Aufgabe lesen: Oma eine lila Nase malen und ein Lama neben Mama
Das Ganzwort *und* ist zur besseren Wiedererkennung hervorgehoben

Oma:  mit Ananas und Melone.

Opa:  mit Salami.

Oma und Opa losen:

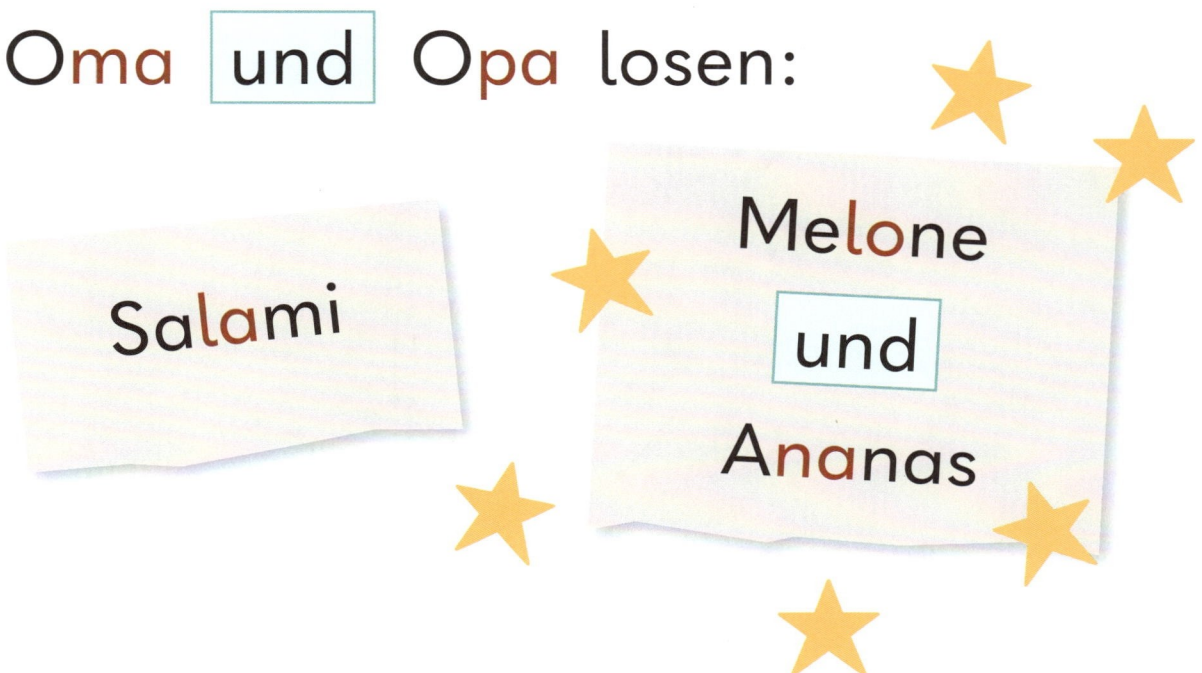

Salami

Melone
und
Ananas

Opa: Ananas, Melone,
total mmm!

Lisa: Opa, lass Oma mal essen.

Lesetext mit den eingeführten Buchstaben und Wortbildergänzung (Eis)
Das Ganzwort *und* ist zur besseren Wiedererkennung hervorgehoben

85

1

2

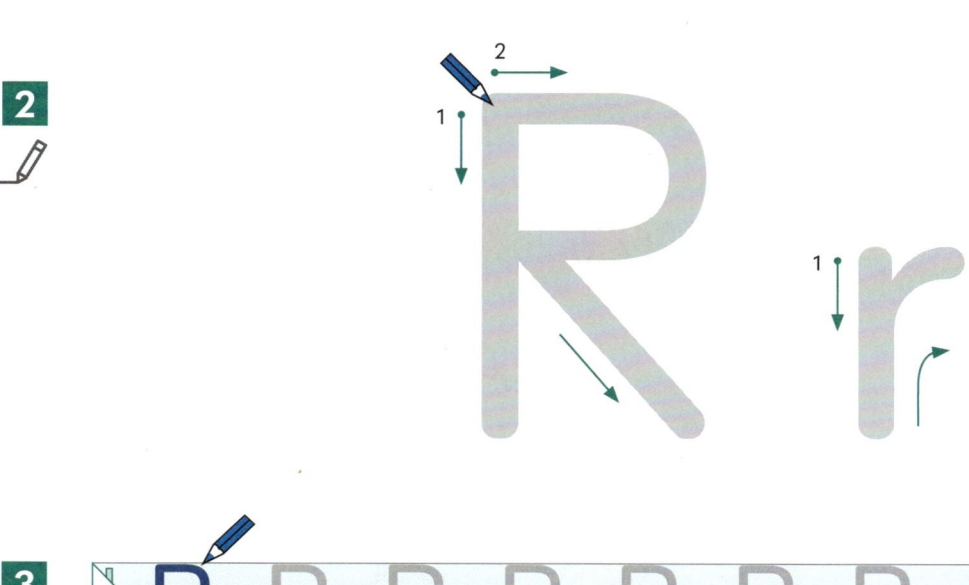

3

Aufgabe 1: Schwungübung
Aufgabe 2: R/r nachspuren
Aufgabe 3: R/r nachspuren und Restzeile entsprechend füllen

1

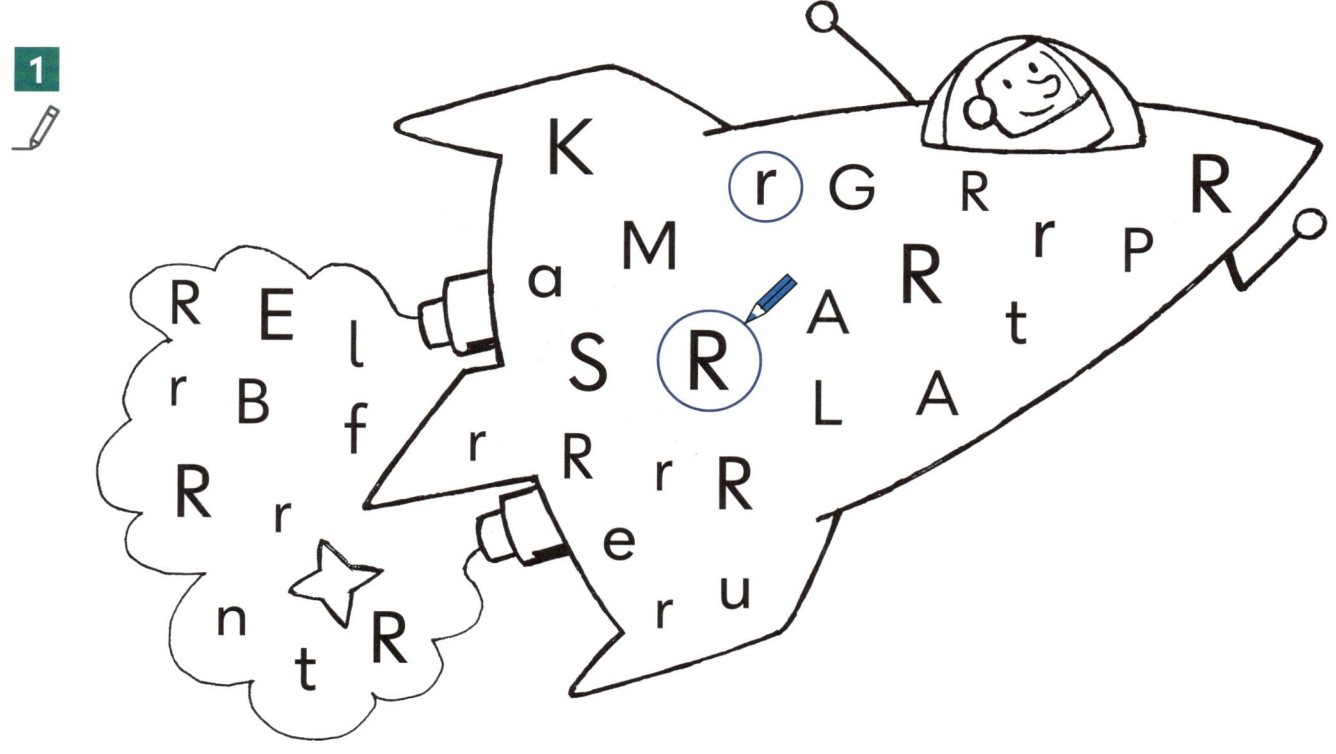

2

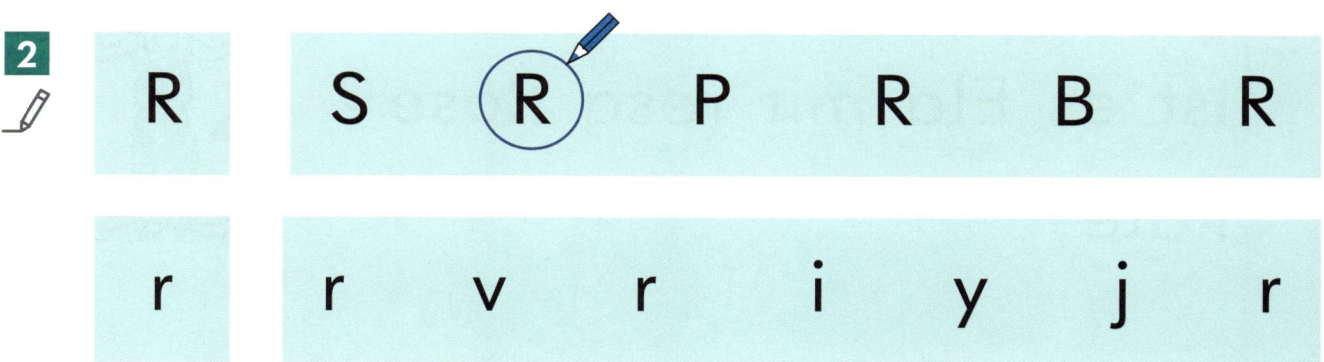

3

Aufgabe 1: alle R/r einkreisen
Aufgabe 2: R/r erkennen und einkreisen
Aufgabe 3: Silben in Dreierlineatur nachspuren

1 Rate mal!

Ist es Opa?
Ist es Sami?
Rate!

Ist es Mama?
Ist es Ela mit rosa Rose?
Rate!

Aufgabe 1: Text lesen und die Fragen mit Hilfe der Bilder beantworten; das Ganzwort ist kann nun gelesen werden und ist daher nicht länger hervorgehoben – Balken: Dinge von Seite 88/89 (Brille, Rose, Perlenkette, Pirat), die einen /r/-Laut im Wort enthalten, mit Artikelpunkt kennenlernen und benennen

Ist es Opa?

Ist es Lisa?

Rate!

1 Mo im roten Moto

als Pirat

Lisa am  als Pirat

Pirat Lisa mit roten Perlen

Ri Ro Re re ra ri

R	r	

1

2

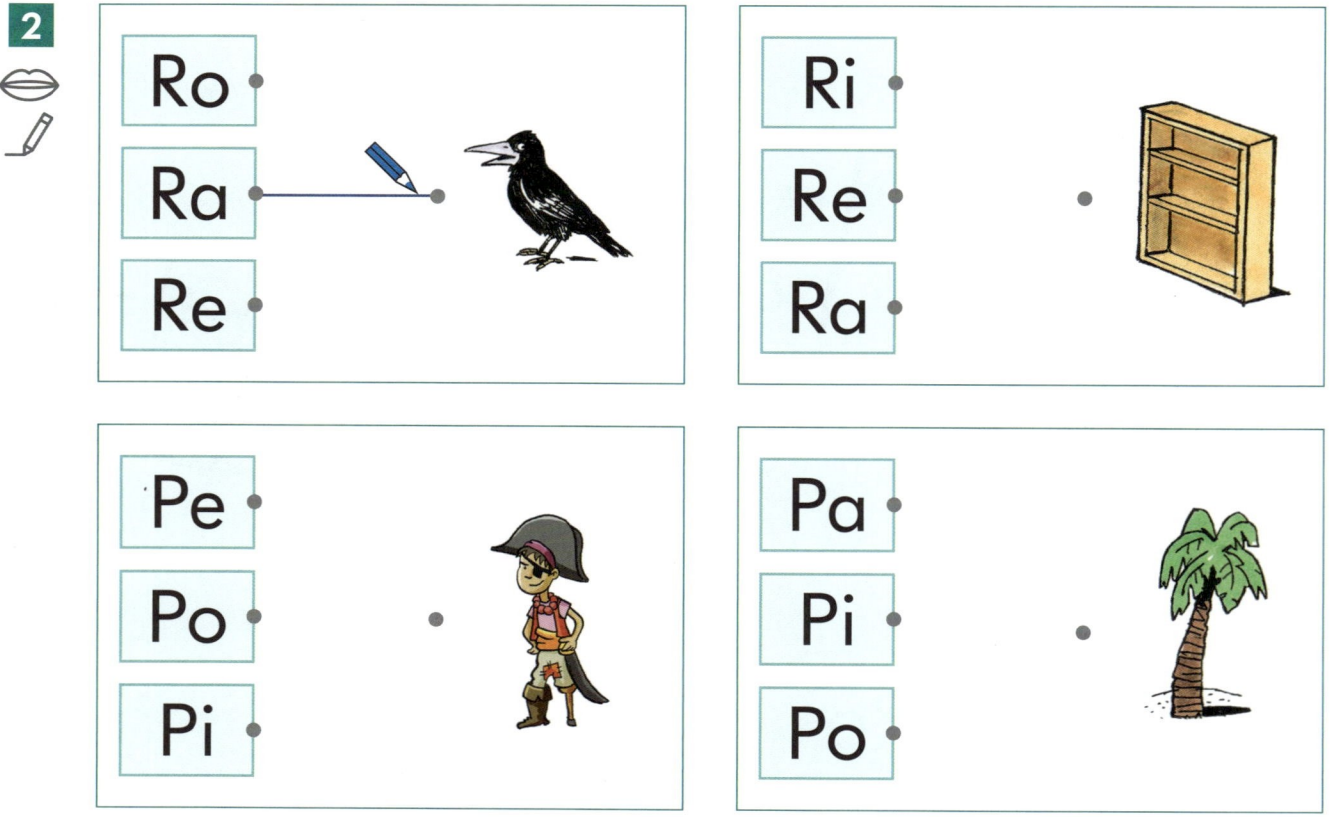

Aufgabe 1: Begriffe benennen und alle Begriffe, die einen /r/-Laut enthalten, einkreisen
Aufgabe 2: Anfangssilben lesen, Begriffe benennen und richtige Anfangssilbe mit Abbildung verbinden

Pirat

Lama

Rose

Lama

Pirit

Pirat

Rose

Rese

Perlen

Perlin

Aufgabe 1: Begriff sprechschwingen, Silbenbögen einzeichnen, Wörter lesen,
Abbildung mit richtigem Wort verbinden und aufschreiben
Aufgabe 2: Begriff benennen, Wörter lesen und Abbildung mit richtigem Wort verbinden

-el

Lisa und Ali rasen los.

Nina im rosa Mantel:

Lisa! Ali! Rote Ampel!

Ali: Ooo, Mist!

2

Am · sel / pel   Am

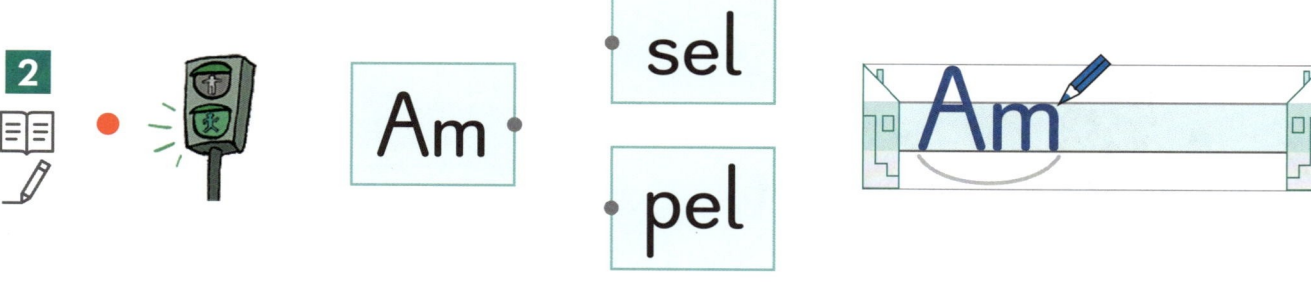

Mantel   Ampel

Aufgabe 1: Erzählbild betrachten und Text lesen; das Ganzwort *und* ist zur besseren Wiedererkennung hervorgehoben
Aufgabe 2: Begriff benennen, Anfangs- und richtige Endsilbe verbinden und Wort aufschreiben, Silbenbogen setzen
Balken: Hervorhebung der Endung -el

Mo: Ampel rot – STOP

Ampel – los!

Toll!

Mo und Lisa los.

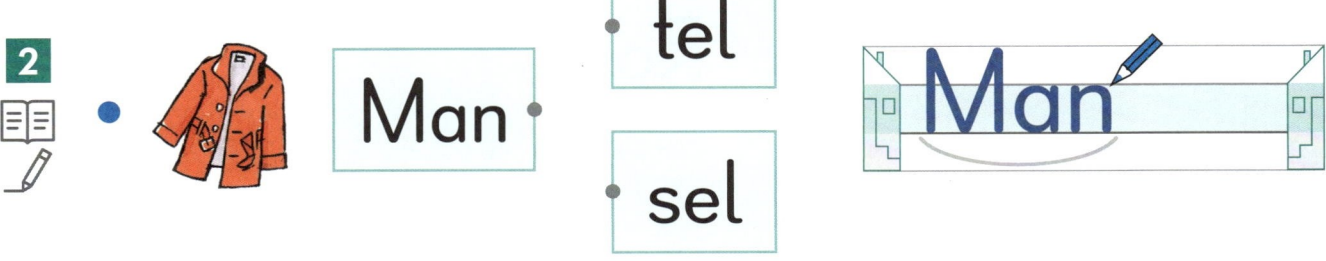

Man · tel

Man · sel

Man

Aufgabe 1: Erzählbild betrachten und Text lesen
Das Ganzwort *und* ist zur besseren Wiedererkennung hervorgehoben
Aufgabe 2: Begriff benennen, Anfangs- und richtige Endsilbe verbinden und Wort aufschreiben, Silbenbogen setzen

Das kann ich schon

 **1** Male Lisa im
roten Mantel.

Male Sami mit Pinsel.

 **2**

Lampe

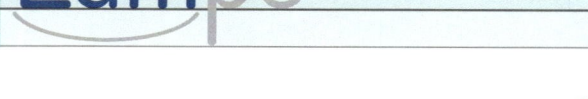

malen

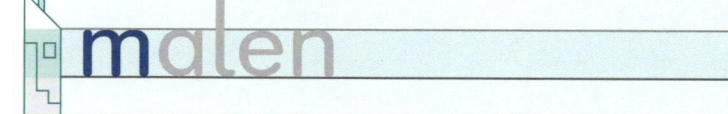

Rose

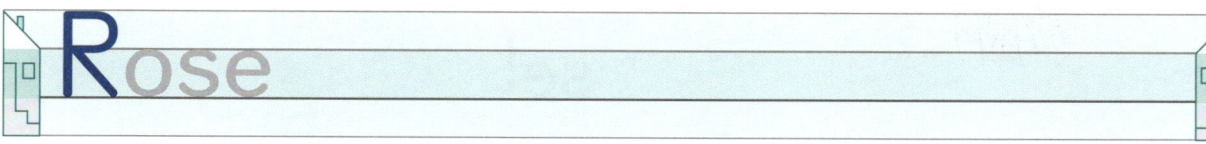

Aufgabe 1: Lese-Mal-Aufgabe lesen und Bilder ergänzen;
Aufgabe 2: Grundwortschatzwörter lesen, Wörter schreiben und Silbenbögen setzen

Wörterliste

E e

es

Esel

es	es Esel
Esel	

N n

Na**se**

nass

Nase	Nase
nass	nass

R r

ra**ten**

ro**sa**

rot

raten	raten
rosa	rosa
rot	rot

T t

toll

To**ma**te

toll	toll
Tomate	Tomate

Erstlesen

Themenheft 1

Erarbeitet von:	Redaktion Grundschule
auf der Grundlage	
der Ausgabe von:	Iris Born, Katharina Förster, Monika Hartkopf, Solveig Haugwitz, Volker Hintsch, Adelheid Langenbruch, Inka Frümbel
Redaktion:	Kirsten Pauli, Josephine Weigang
Umschlagillustration:	Christian Nusch
Gesamtgestaltung:	Heike Börner, orangerie-grafikdesign
Umschlaggestaltung, Layout und technische Umsetzung:	Klein & Halm, Grafikdesign, Berlin
Illustrationen:	Roland Beier und Christian Nusch

www.cornelsen.de

2. Auflage, 1. Druck 2025

Alle Drucke dieser Auflage sind inhaltlich unverändert und können im Unterricht nebeneinander verwendet werden.

© 2025 Cornelsen Verlag GmbH, Mecklenburgische Str. 53, 14197 Berlin,
E-Mail: service@cornelsen.de

Druck: Athesiadruck GmbH, Bozen

ISBN 978-3-06-600016-0

PEFC-zertifiziert
Dieses Produkt stammt aus nachhaltig bewirtschafteten Wäldern und kontrollierten Quellen
PEFC/18-31-166   www.pefc.de